文事探旧

聚学文丛

龚明德 著

文匯出版社

图书在版编目(CIP)数据

文事探旧 / 龚明德著. —上海：文汇出版社，2022.9

（聚学文丛 / 周伯军主编）

ISBN 978 - 7 - 5496 - 3816 - 1

Ⅰ. ①文… Ⅱ. ①龚… Ⅲ. ①随笔—作品集—中国—当代 Ⅳ. ①I267.1

中国版本图书馆 CIP 数据核字(2022)第 116934 号

（聚学文丛）

文事探旧

主　　编 / 周伯军
策　　划 / 鱼　丽
篆　　刻 / 茅子良

著　　者 / 龚明德
责任编辑 / 鲍广丽
封面装帧 / 王　峥

出版发行 / 文匯出版社
上海市威海路 755 号
（邮政编码 200041）
经　　销 / 全国新华书店
排　　版 / 南京展望文化发展有限公司
印刷装订 / 上海颛辉印刷厂有限公司
版　　次 / 2022 年 9 月第 1 版
印　　次 / 2022 年 9 月第 1 次印刷
开　　本 / 889×1194　1/32
字　　数 / 150 千字
印　　张 / 8

ISBN 978 - 7 - 5496 - 3816 - 1
定　　价 / 49.00 元

作者与锺叔河先生在念楼合影　黄成勇摄

序

明德是我老哥矣！平时虽联系不密，但只要想起，就是美好记忆。

一九九五年，为写一册关于西南联大的小书，我到昆明查资料，那时太原到昆明还不方便，得先到成都再转过去，我即想到了明德兄。那次我先到明德家里，大约住了三四天，他在当地有关系，一直把我送上卧铺车厢，想是他特意关照过，车上还给我送了一份便餐，至今想来依然温暖。

那时明德在四川文艺出版社当编辑，我去了他工作的地方，还认识了木斧前辈、云飞兄。我们一起逛过旧书肆。当时成都有一家名为陶然居的旧书铺，专门售卖古籍，老板姓蒋，给我留下很深印象。此次成都之行，我见识了明德在玉林北街家中的新文学书籍，大开眼界，虽然看得不是很仔细，但对他老兄用心保护新文学书籍的苦心，算是有了大概了解。

明德长我近十岁，在我这一辈吃新文学饭的人里，出道较早，最有资历，也最有成绩。上海子善兄，较明德略长，参加过《鲁迅全集》的编纂工作，这个资历，如今可谓元老级了。子善兄也是学者兼藏家，姜德明先生之后，明德和子善兄，可谓新文学研究界掌故派的老大了。有趣的是二位都没有什么骄人的学历，完全是热爱这个行当，一生坚持下来，有多少风光的教授，退休之日即偃旗息鼓，而这两位老兄悬车之年，依然冲杀疆场。

说他们是新文学的掌故派，不一定准确，只是为便于表达和记忆，也有人说他们是史料或书话派，总之与正统学院派不同，他们是中国传统笔记写作的现代余绪，他们研究新文学的著作，今后会以掌故或笔记体文献，永存世间。早期新文学研究的正途即是学者藏家合二为一，掌故笔记是基本文体，如阿英、赵景深、唐弢、姜德明他们，后来新文学进入大学讲堂，研究方法也发生了变化，文体转向西式论文格式，轻史料重议论了，史料越来越少，文章却越写越长。明德兄后来也进了大学，但他的治学方法没有丝毫改变，依然是史料先行，文献优先，问题无论大小，均由文献发现问题，再由史料解决，言必有据，不发蹈空之论；他的文章，无论长短，都经得起时间考验。史料之外，明德兄也颇讲究文体，他用掌故笔记体写新文学研究文章，为学术研究保存了旺盛的生命力。

明德兄将出新书，我用这几句话，纪念我们三十余年的友谊，也愿明德兄坚持认定的治学方向，勇往直前！

谢 泳

二〇二二年三月五日于厦门

目 录

I 序（谢泳）

001 为姐夫徐志摩办签证
004 茅盾辞编《小说月报》
008 刘复除夕趣驳诗哲
012 金城银行广告的始刊
015 线装本《志摩的诗》的印行
020 胡适的“破碎”日记
023 陈学昭的《烟霞伴侣》
026 胡适未出席徐陆婚礼
029 线装本《志摩的诗》题词
033 用《呐喊》“揩屁股”之探源
037 含有舒批的徐志摩书信
041 一九三〇年年底徐志摩一封残信
044 又多出一天徐志摩事迹
048 一本“对译”书中丰子恺事迹
051 徐志摩致李惟建一信
055 冰心“头一次”为自己“更正”
059 巴金《家》中的“承重孙”
063 德版麦氏木刻集的底本

067 王平陵捍卫徐志摩
070 鲁迅《奇怪（三）》暗射叶灵凤
073 洪子记林语堂讲演惹祸
077 一九三五年丰子恺一天记事
080 主编《海燕》的史青文
083 赴欧前冰心夫妇抵沪时间
086 施蛰存声援沈从文
089 郭沫若自日“抵沪”当晚住哪儿？
092 丁玲在延安接待卞之琳等人
095 许地山记载的鲁迅纪念会
098 “吉力是谁？”
101 巴金集外文《轰炸后》
105 艾芜致王西彦的短简
108 赵家璧致黎烈文一信
111 被《臧克家文集》丢弃的《拍》
115 叶圣陶书宋拟“小对子”
118 艾芜《手》中的“张花实”
122 洪深五十寿辰座谈会
125 戏剧节史况
129 丰子恺与茅盾一次会聚

132　鲁迅遗属在“狂欢之夜”
135　天下图书公司
139　删去“发行人　吴文林”
142　知白《回忆闻一多》考读
156　一九四七年五月十八日下午部分在沪文艺家领取滋补品
161　叶圣陶致巴金一信
165　文艺界十六人合影考
169　巴金谈“所谓‘调解’”的信
172　艾芜日记的出入
175　艾芜《百炼成钢》书事
179　熊佛西致巴金一信
184　冰心在“大跃进”初期
187　孟超“勾留”张家口
190　作家们“要红旗，不要钞票”
193　俞平伯致章元善一信
196　沙汀五十天的“南行”
200　十年中的哪一年？
203　马悦然赞赏的杨诗
206　黄裳致范用两信的写作年份

210 谁删“又作要人状”?
213 夏衍的“勉强交卷”
217 为冰心刻“是为贼”闲章
220 冰心“说周作人事”
223 何满子一首七绝
226 流沙河写《云淡天高》

230 手抚残卷，俯仰自得——《文事探旧》读后
（范家进）
238 校看随记

为姐夫徐志摩办签证

在二〇〇五年十一月由广东教育出版社印行的《徐志摩图传》中见到一封徐志摩写于一九二一年的书信手迹，该信除了内容重要，连所用笺纸也值得细究，但却未编入迟至二〇二〇年五月才印行的《徐志摩墨迹（增补本）》中，不免有点儿遗憾。像徐志摩这类经典作家，其文献性质的书信，只有见到了手迹，才敢完全相信，因为当年书信的初始形态本来就是手迹。

这封书信，抬头的“子坚”是徐志摩妻弟张嘉莹的字。补加了标点符号的此信，依原貌格式释文如下。

子坚我兄：护照已到，至感　代劳。德波竟厚颜逼费，破例是何居心？穷斯为滥，料谅此也。承垫费，迟日即寄。佛城天气亦不见佳，晨夕雾霾兼多雨雾。春来如此，甚非始料。费吐奇遇此间竟不可得，益令萦念罗马。幼仪已安抵德京，有电来报，可弗记念。

此候

日安

志摩敬复　五月二日

这封一百多字的短信，是徐志摩收到其妻张幼仪的弟弟张嘉莹“代劳”办理并寄来“护照”后的“敬复”。参照《徐志摩图传》的说明和信中叙述，留学法国巴黎的张嘉莹，应该是遵照姐夫徐志摩来信所示，在德国和波兰驻巴黎有关机构“代劳”替徐志摩办理途经当时的苏联返回中国的“护照”。但麻烦的是，“德波”两国的有关机构办理护照“竟厚颜逼费”，也就是讨要高价，弄得只好先由“代劳”者徐志摩的妻弟张嘉莹“垫费”。“穷斯为滥，料谅此也”，有点儿像指责“德波”两国办“护照”处所有失规范的滥局。但再读下面一句“承垫费，迟日即寄”，又觉得以上八个字的“穷斯为滥，料谅此也”又像是徐志摩状述自己的穷酸，说自己存妻弟处的费用太少，请其原谅。“迟日即寄”，是对妻弟表态说“你帮我垫支的办理护照的费用，稍晚几天就汇款”。

再往下徐志摩谈“佛城天气”，坐实他这时在意大利的佛罗伦萨，而且这年“春来”至今一直就在这里。“费吐奇遇”是意大利语，含义是“加鸡蛋的面制品”。因为罗马那地方随处可见“费吐奇遇”即

“加鸡蛋的面制品”，导致徐志摩“益令萦念”在罗马时的生活方便。

书信正文最后的“幼仪已安抵德京，有电来报”，证实这封信的写作年份就是张幼仪赴德留学的一九二一年。也证实了徐志摩送张幼仪上了开赴“德京”柏林的车后，即返回“佛城”即意大利的佛罗伦萨。广西民族出版社一九九一年印行的五卷本《徐志摩全集》第五卷所附曾庆瑞撰写的《新编徐志摩年谱》中，所载录的“秋　张幼仪一人赴德国柏林求学，徐志摩陪送到柏林，不久返回伦敦”，要依据这封书信的现场细节记录改订。因为，徐志摩该信已经明白地证实了张幼仪赴德求学是这年的四月底即春末，同时也没有发生“徐志摩陪送到柏林，不久返回伦敦”的事。史实是：张幼仪“安抵德京”后“有电来报”，徐志摩再从意大利佛罗伦萨写信寄到法国巴黎通报给张嘉莹的。

细赏该信黑白手迹件，看到笺纸右侧有“叔华”的签名，就在“志摩”署名的下方。肯定地说，这封信凌叔华没有参与署名或写作。反复观摩，原来此信所使用的笺纸是凌叔华绘图后印制的彩笺。这就把徐志摩与凌叔华的交往朝前挪移了好多年，至少证实了徐志摩在一九二一年五月已经在使用凌叔华绘图的批量印刷的彩笺了。

茅盾辞编《小说月报》

生于一九〇一年、卒于一九八〇年八月初的谢菊曾在其生命的最后岁月，根据他自己生活于上海的感知和经历，撰写了一本回忆录《十里洋场的侧影》。该书《涵芬楼往事》一辑"细写当年商务印书馆关于人事、编务、制度、印刷、稿酬、社交及与作者关系的种种内情"，其中《〈小说月报〉史话》事涉茅盾的一段全录如下。

一九二二年十二月十日出版的该报第十三卷第十二期上，有署名佩韦（沈雁冰的笔名）的在《今年纪念的几个文学家》一文中，把"无神论"一词误译作"雅典主义"，被创造社的成仿吾抓住把柄，立即在《创造》月刊里发表了一篇题为《"雅典主义"》的文章，加以讥讽，沈雁冰心有不安，遂辞去《小说月报》的编辑职务，改由郑振铎接编。

谢菊曾《十里洋场的侧影》先分篇在名声颇佳的《随笔》杂志初刊，继而又在声誉卓著的花城出版社结集公开印行，并且列入作者队伍阵容豪壮的“随笔丛书”，但上录一节却无法与已知史实相符合，有必要予以勘误，以正视听。

以“佩韦”为笔名发表的《今年纪念的几个文学家》，的确初刊一九二二年十二月十日出版的该年第十三卷第十二期《小说月报》，文中也确有介绍雪莱“发表了一本名为《雅典主义的重要》的小册子”一句“误译”。但是，也就在这一期《小说月报》卷末《最后一页》四条信息的后两条信息却有力地证实着茅盾“辞去《小说月报》的编辑职务”并非因为成仿吾“在《创造》月刊发表了”一篇题为《“雅典主义”》的文章“加以讥讽”之后才导致的，两则信息的全文也全录如下。

▼ 本刊来年体裁稍有变动，请看我们的特别启事，此处不另赘述。本刊自明年起，改由郑振铎君编辑，并此附告。

▼ **雁冰启事** 我这里已收到的许多不识面的朋友们给我的信，因为大半关于投稿处置的询问，都已转交郑振铎看了，他一定不久就有满意的答复给列位，恐劳盼望，特此声明。

还有从已见到的郑振铎当年的书信来看，他接替茅盾的编辑职务应该比这期《小说月报》出版时间还早。该年十二月七日郑振铎给周作人写信，向鲁迅兄弟约稿，并提及鲁迅小说“上海方面喜欢读的人极多”，并向周作人通报《小说月报》“明年正月号，稿发已过半”。茅盾和郑振铎他们当年是收到来稿尤其是约稿就审读，决定录用的就分批送到印刷厂检字排版，看校样时再编序。我们如今去检读茅盾和郑振铎编印的《小说月报》，每一篇作品都是从第一页编到该文的最后一页，没有通编的总页码，就是这个原因。

茅盾一九二二年底辞去《小说月报》编辑移交给郑振铎担任，是正常的工作交接，与成仿吾对茅盾“雅典主义”误译的“讥讽”无关。为满足读者好奇心，也将成仿吾《“雅典主义”》一文略作介绍。

仅比茅盾小一岁的同龄人成仿吾，连鲁迅他都不放在眼里，他是在创造社门口的旗子底下“抡板斧”的“批评家”，连鲁迅的《呐喊》都敢“砍”，何况茅盾笔下的一处误译！这篇三千字的《“雅典主义”》中“讥讽”茅盾的话相当多，实质性地指陈“雅典主义”的“误译”的文字就是文章末尾说的一段话，照录：“佩韦君译出这样的东西来，我们只把那一小段看了，就可以看出：(一)佩韦君看不懂英文；(二)佩韦君关于雪莱君差不多什么也不懂。‘无神论’的原文是 Atheism 是从希腊文滋乳出来的，是等于 A＋theos＋ismos，A 是表示否定，thos 是神，-ismos 或-asmos在拉丁文是-ismus 或-asmus，是表示构成抽象名词的语尾词，连接起来，所以成为无神论。雪莱的无神论，对于理解他的思想，是很要紧的，而且他也是因为有了这种主义，才有后来那许多的波澜；所以连这个地方都不知道的佩韦君，只好说关于雪莱什么也不懂罢。”

谢菊曾说一九二二年十二月十日出版的《小说月报》第十三卷第十二期“署名佩韦（沈雁冰的笔名）的在《今年纪念的几个文学家》”一发表，“被创造社的成仿吾抓住把柄，立即在《创造》月刊里发表了一篇题为《“雅典主义”》的文章，加以讥讽”也不准确。成仿吾的《“雅典主义”》一文后面有写作时间，即写于一九二三年三月二十六日，由于是季刊，公开发表还要晚一些时候。

刘复除夕趣驳诗哲

估计是一九二四年十一月十七日中午在来今雨轩的十八人聚餐中，正主政《语丝》的周作人顺便向一同就餐的张歆海、陈西滢和徐志摩等人约稿，但只有善解人意的二十七岁的徐志摩立即把四天前刚译就的法国菩特莱尔《死尸》一诗并一千二百字的译后感受的序投送给周作人。徐志摩的译诗并序马上就在该年十二月一日《语丝》第三期公开发表，就排在鲁迅的《野草》开篇《秋夜》之后。

主政《语丝》的周作人，不仅为《语丝》写了《发刊词》、大量为《语丝》写稿和组稿，甚至还将已出的各期《语丝》不厌其烦地亲自装入信封邮寄给国内外友人，正在巴黎留学以语言和声乐为专业攻读博士学位的三十五岁的刘复即刘半农所见到的“首七期”《语丝》就是“多谢启明”从中国北京寄到法国巴黎的。

刘复是一九二五年一月二十三日收到“首七期”《语丝》的。这天正巧是中国农历甲子年除夕，仍沉浸于“想在声乐范围之内，找些有趣的题目研究，竟是左也找些不着，右也找不着”的“窘极”情景下，在《语丝》第三期上读到了徐志摩为《死尸》译诗一千二百字的序言，这则徐序正撞在了刘复的“专业”枪口上：徐志摩以诗人的想象生动却又空泛地描述“菩特莱尔”诗集《恶之花》中诸诗的朦胧之美尤其是“音调”之美，刚巧就是刘复主攻的“语言和声乐”专业范围内的内容。真叫不是冤家不聚头，刘复痛快淋漓地想出一个浅显的题目《徐志摩先生的耳朵》，用他已掌握的专业学理把徐志摩驳得个体无完肤，当然毕竟是欧美留学生，“绅士风度”仍在以“趣驳”的“玩笑”行文中体现着。

刘复的“趣驳”以游戏之文笔状理性之确况：“第一要考察这现象是否真实”，“徐先生是哲学家，是诗人”，他说的“可使我们相信到万分”；但“次一问题是”徐先生能听“极微弱的音”是否他“耳朵上”别具“自然的传声筒”，“徐先生听到极远的音”是否他“耳朵上一定有一具自然的无线电受音器”，“徐先生能听到一秒钟一颤动的低音，以至于一秒钟一百万颤动的高音”是否他的耳鼓膜比常人特别敏感即属“双料道的耳鼓膜”，徐先生耳朵不仅听音还能发音且发了音还是他自己听——他耳朵上“有一具——有一具什么呢？啊，惭愧，这个名词还没有发明呢”！……

刘复以搞笑式的荒谬引申法将徐志摩一千二百字译序中对“菩特莱尔”《恶之花》音调美的空泛赞美，予以粉碎性地击败。紧接着，刘复提出请求：“到北京后，我要用性命担保我的诚意，请徐先生给我试验试验。屈徐先生为‘受试验者’”——“第一，我知道听音是耳鼓膜而你却说是耳轮”，因而“设法取徐先生耳轮（无论徐生前死后）”做试验看其是否有听觉功能；“第二，你说皮厚皮粗不能听音，我就不知道那一部分的皮是有听觉的，还是人体皮肤的全部呢？还只是某一局部（例如脸皮）。”刘复“趣驳”末尾几段仍充满游戏之趣，他说倘徐志摩有遗嘱，“我要请他预先在遗嘱上附添一笔，将两耳送我解剖研究，至少也需是两个耳轮，能连同他的细皮，自然更好”，还说“研究完了”之后“一定像德国人处置康德的头颅一样，将他金镶银嵌起来，供在博物院里”。

说实话，徐志摩那译序对“菩特莱尔”《恶之花》的赞颂确实空泛，关于“音调”的赞颂更无科学常识做支撑，自然通不过专业博士生刘复的“验证”。但与刘复此文差不多同时，先后有鲁迅《“音乐”》、小郎《徐志摩先生的耳朵及其他》和非子《徐志摩先生的常识》等文轮番在《语丝》、在《京报副刊》集束发表，搞得徐志摩招架不了，也只好不去理睬。但徐志摩却把这事当成一件不小的文案记在心中，时隔近一年之后，徐志摩还不忘这事。当周作人来信为《语丝》约稿，徐志摩一九二六年一月二十六日回信说“你要我报答，给《语丝》一点东西”，“我不敢自信，我如其投稿不致再遭《语丝》同人的嫌（上回的耳朵!）”，“也许有兴致给你们一碟杂碎，只是我得预先求你们诸大法家的宽容”。自然，即便如此，徐志摩总还算豁达胸怀，他仅仅把为难他的这些文章看作“玩笑”，刘半农的文章也只被他看作“半农的俏皮”。

金城银行广告的始刊

鲁迅的系列杂文名篇《并非闲话》头一篇在一九二五年六月一日《京报副刊》第五至第七版初刊时，题目被误为“并非闲谈”。该文第一自然段写及《现代评论》第十五期的刊物版本变化细况，至今未引起相关学者的注意。鲁迅是这样说的：“……忽然接到一本《现代评论》十五期，很觉得有些希奇。这一期是新印的，第一页与目录已经整齐，就证明着至少是再版。我想：为什么这一期特别卖的多，送的多呢，莫非内容改变了吗？取出初版来，校勘下去，都一样；不过末页的‘金城银行’的广告已经杳然，所以一篇《女师大的学潮》就赤条条地露出。我不是也发过议论的么？自然要看一看：原来是赞成杨荫榆校长的，和我的论调正相反。做的人是‘一个女读者’。”

上录鲁迅这一节谈到“《现代评论》十五期”的

“新印”本与“初版”本的“校勘”详情，在收入一九二六年六月北新书局印行的“鲁迅杂感集第二”《华盖集》时，也有“版本变化”，依次是“希奇”换成“稀奇”、在“目录已经整齐”后补加括注“（初版有参差处）”、“取出初版”改为“翻开初版”、“末页”换为更古奥的“末叶”。《华盖集》中收录的《并非闲谈》更为完善，尤其是那个增添的括注，是鲁迅验证“《现代评论》十五期”之“初版”本与“新印”本的重要依据之一。另外一个更重要的版本变化，就是将“初版”“末页的‘金城银行’的广告”删除，换上“一个女读者”的“来信”，题目为《女师大的学潮》，鲁迅细读后判定该“来信”“是赞成杨荫榆校长的，和我的论调正相反”。

先听鲁迅的“论调”，这即是鲁迅写于该年五月十日的《忽然想到》之七中讲的：“她一得到可以逞威的地位如校长之类，不就雇用了‘掠袖擦掌’的打手似的男人，来威吓毫无武力的同性的学生们么？不是利用了外面正有别的学潮的时候，和一群狐群狗党趁势来开除她私意所不喜的学生们么？”引文中的“她”指北京女子师范大学时任女校长杨荫榆，鲁迅对她是完全否定的。和鲁迅“论调正相反”的“一个女读者”该年三月十五日写的来信《女师大的学潮》认为杨荫榆校长“是充任大学校长的唯一一个中国女子”，“她的校务行政，又无重大的过失”，来信一开始就认为所有“列举杨氏的署名”均“大都不能成立”，断定“攻击杨氏的学生，不过是极少数的学生”，而且是“校内校外尚别有人在那里主使”。

《并非闲话》揭示的“新印”本“《现代评论》十五期”末页取代原“金城银行”广告的来信说明白之后，这“广告”其实说它是一个重要事件也未尝不可。

鲁迅杂文《无花的蔷薇之二》和《“公理”之所在》都有“《现代评论》的一千元津贴事件”，就是《现代评论》在最初开办时，该刊通过时任教育总长章士钊接受了段祺瑞执政府的一千元津贴。于是鲁迅就说《现代评论》“正人君子”们有官方背景，连周作人晚年所写《语丝》的回忆中也重提《现代评论》“接收官方津贴”。鲁迅在《并非闲话》又重点说到刚发生的“金城银行”广告问题，这倒并非《现代评论》偷偷摸摸的事，第十五期《现代评论》“初版”印本始刊后一直以每期最末一页为“金城银行”做整页广告。这广告是时任金城银行经济研究室主任的《现代评论》主要撰稿人唐有壬与金城银行周作民商洽，得到每月一千元的广告资助。无论一次性一千元更别说每月一千元，在当年都是惊人的大笔款项。

鲁迅的文章绝非捕风捉影，不仅《现代评论》同人，连《新月》社主将徐志摩当时也与“段祺瑞执政府”有着亲切来往，他一九二五年四月三十日写给泰戈尔的书信中就自信地向他报告：“我国的首长段执政曾诚恳的向我表示，希望你会在最近的将来束装就道。我在此附上林长民先生（即徽因的父亲）的信，你读了会更清楚段执政对你殷慕之情。”

线装本《志摩的诗》的印行

以研究中国新诗史料闻名的刘福春二〇〇六年六月在作家出版社印行了一部《中国新诗书刊总目》，他在书中把线装本《志摩的诗》的出版时间定为一九二五年九月；但在另外一部书中，又说是一九二五年八月。这不能怪刘福春粗心，去查看该书原本，上面就没有标明该书的印行时间。

好在当年出版的《现代评论》和《晨报附刊》尤其是《现代评论》在相应时段的期刊上，登有《志摩的诗》系列消息。略作梳理，便可将诗人徐志摩这一本他之首部诗集的出版时间的具体年月敲定。

一九二五年二月七日出版的《现代评论》第一卷第九期，在第二页用大半篇幅发表《现代丛书出版预告》，首批共四种书目，“第二种”就是“徐志摩的第一部诗集”《志摩的诗》。

为了引起读者更大程度的关注，《现代评论》社刘光一以个人名义在该年三月九日《晨报附刊》第二、第三版中缝发表了《志摩的诗》相关情况：

这是徐志摩亲自选定的一本诗集；在这小本子里就只光光的几十首自制的新体诗，书头没有序言，书背没有跋文，诗行间没有注解，就有一两处却并不因为他的诗特别的贵重，这倒的确是为印书成本的关系——呕心血做诗赚不了钱，印出去还得自己贴钱，那可是太惨了，这层也得请买主们原谅。这诗集是上海中华书局代印的，约一月内可以出版，印得的本数不多，外埠最好预订，省得支配不均匀，有信可以寄北京大学现代评论社刘光一君。

一个多月后，刘光一又以个人名义在该年四月十八日出版的《现代评论》第一卷第十九期十八页登出《关于〈志摩诗〉》的启事，全文为：

近来收到很多的信问《志摩诗》几时出版，我不能一一奉复，在这里回答几句。《志摩诗》还在印刷中，出版后售实价，并无预约办法。出版日期和书价将来在《现代评论》上宣布。

然而，等到该年七月五日出版的《现代评论》社印行该刊头二十六期合订本时，现代丛书第一种和第三种在封底满页广告“出版了”，“第二种”《志摩的诗》仍毫无音信。直到该年八月二十二日出版的第二卷第三十七期《现代评论》第二页现代文艺丛书四种书目广告中第二种《志摩的诗》后括注“一星期内发售”。

但好事多磨，一个星期过去后的该年八月二十九日出版的第二卷第三十八期《现代评论》仍在寸土寸金的第二页广告道：

现代社文艺丛书第二种《志摩的诗》出版了，印刷愆期，抱歉得狠，正在赶制封套，下星期起在现代评论社（北大第一院）发卖。书印两种，宣纸厚本定价一元四角，白连史纸的定价一元，都是聚珍宋字精印的线装书，狠不讨厌，到书不多，买客从速。志摩的诗，无须介绍，这集子是他自己选定的，有不曾发表的多首。

终于等到了“现代社文艺丛书第二种《志摩的诗》出版了”的广告，还是登在《现代评论》寸土寸金的第二页开首部位，时间是该年九月五日第二卷第三十九期，广告文字和上一次广告的后半相同。细读表述的口气，应是徐志摩手笔。但也很可惜，为《志摩的诗》做过两次署名广告的刘光一却在该年九月二日去世了，十天后十二日出版的《现代评论》第二卷第四十期发表了《悼刘光一先生》的短文，写及刘光一“功绩”之一是“在社务方面之计画经营”，自然包括了《志摩的诗》之营销策划。

到次年六月二十五日出版的《现代评论》第三卷

合订出版时，封二的全页广告中已是大快人心的好信息：

《志摩的诗》，徐志摩的第一部诗集，定价一元，第一版已售罄，正拟再版。

回头再说徐志摩托上海中华书局代印的线装本《志摩的诗》的准确出版时间，可以确定为一九二五年八月；若要再细化到具体哪一天，就是前引广告中的时间了。至于线装本《志摩的诗》卖完的时间却只存在于《现代评论》当年的第三卷合订本封二中，一九九九年十一月岳麓书社影印全套《现代评论》八卷本时已经丢失了这些重要信息，自然只有表示遗憾了。还有线装本的定价连史纸印本每本一元、宣纸本每本一元四角，也是当年的天价了！须知，当年的全勤保姆一个月的工资也就两元啊。

在线装本《志摩的诗》出版后的一九二五年九月，徐志摩正在上海，他忙着签名送书。我们现在可以知道的，徐志摩送出的该书，就有送给张幼仪、冰心和凌叔华三个人的。送给张幼仪的一本，徐志摩在扉页上的题词是“幼仪：这小集，是我这几年漂泊生涯的一点子果实，怕没有熟透，小心损齿！　志摩　九月上海”。虽然离了婚，两人还是如此交往。送给冰心的一本，徐志摩的扉页题词是“芜言一册奉　冰心哂存　徐志摩　九月上海”，冰心的名字后面没有写女士等，表明两人的关系不陌生。送给凌叔华的一本该书，是凌叔华自己一九八二年十月十五日写给陈从周的书信中说的："我手中还保留志摩第一本诗集（是连史纸印的），上面题字'献给爸爸'也是他请我题的。"有了凌叔华的这个当事人的回忆，线装本《志摩的诗》前面那一页上的"献给爸爸"四个字，我们就不要说是印的或是徐志摩自己写的了，应该明确地说是凌叔华的墨迹。

胡适的『破碎』日记

安徽教育出版社二〇〇一年十月印行的八卷本近四百万字的《胡适日记全编》，据编者曹伯言写的《前言》，他从一九九六年动手编排，一直到二〇〇〇年夏才“告成”，“先后共用了五年时间”，——可谓费时颇久、费力颇巨。这套日记图书有几卷以公元纪年为总题，次第井然，如第四卷的目录就是一目了然的五个中文数字年份，可惜全套图书没有贯穿这一个原则。即便这个第四卷，在“一九二六年”项下又出现了“欧洲日记”四个分册的小目，按理讲，年份为章标题，再往下应该是该年的春夏秋冬四季或十二个月份。细阅之后，这卷收有五个年头的胡适日记在编排上，还有更重大的问题。

在标为“一九二七年”的胡适日记最后即该书第五百六十七页，发现四行写于一九五六年二月十八日的话，全录:“因为稽考丁在君的传记材料，我寻出一本破碎的民国十五年袖珍日记，记的都是约会的地点和时间，但也可以大略指出那一年我的行踪。我要考英国庚款访问团的行踪，故专钩出二月到七月的残片。(在君与我同是团员）”

上录这一段写于所记日记三十年后的话，按其性质，就是接下去的“破碎的民国十五年的袖珍日记”的说明，也可称之为“小序”。仅就这近百字的说明文字来看，如果规范整理一下，最末的括号一句可连同括号都移至前一句“英国庚款访问团”的后面，连括号同时移去，让读者一看就明白跟前面“稽考丁在君的传记材料”与“在君与我”都“同是”“英国庚款访问团”的“团员”，所以才从“破碎”的小小旧日记本上“专钩出”相关内容。

然而，该卷《胡适日记全编》录完上述胡适“小序”后，空白了大半页，转页的书眉年份仍是“一九二七年”，版面内的却又是《民国十五年（1926）二月到七月胡适日记的残片》，有三十多天的记事。编者给这半年“专钩出”的日记另外命题纯属多事，因为胡适在“小序”中已经说了是“破碎的民国十五年日记”而且是“专钩出”的“考英国庚款访问团的行踪”，目的是为丁在君做“传记”。编者新拟的题目说此“残片”日记起自“二月”，略微扫一眼就知道：头一行写下的“一月无残片”后的胡适括注“我在上海医治痔漏，尚未全好”不就正是这一个月的“行踪”吗?

返回到这一卷胡适日记中的“一九二六年”，开始头一天就是“July 17，1926（Sat.）（六月初八）”，对于毫无英文训练基础的读者，这种英汉杂糅的表述在保留日记文本原貌的同时，可以另用大一点儿的字号标明“一九二六年七月十七日（农历六月初八）星期六”，全套图书都这么统一标出，便于醒目。倘若能在出书之前，将在三百多页之后的该年日记“残片”小序置前，跟着就是这一年的一月到七月十六日的三十多天记事，再往下紧接这年七月十七日的日记，多么方便读者查阅的这一年所存胡适日记的整理文本啊！可惜，不是这样的。

编者在长达十个页码的《前言》中，也说过在他之前已出版的胡适日记图书“未加整理，使用很不方便”，还具体指责“台湾的远流本”胡适日记“颠倒错乱”，他说他的工作之一就是在编排过程中“理顺颠倒关系”。道理和工作原则，强调起来是容易的，但弄好一部要供后世读者尤其是供一代又一代的研究者反复查阅引述的篇幅巨大的胡适日记，真还马虎不得。

陈学昭的《烟霞伴侣》

浙江人民出版社一九八一年六月印行的《海天寸心》，是陈学昭一九二四年至一九二九年间的散文合集，但里面所收文章都不见收文时段之内的散文集《烟霞伴侣》一书中的片言只字；之所以不收，该书作者《前言》交代说“是因未找到，没有放进去”。其实，陈学昭在一九七九年第二期《新文学史料》发表的回忆录《天涯归客——从一九一九年到一九二七年五月出国》已明确表态：“《烟霞伴侣》我并不很欢喜，这里面的好些散文是吟风弄月的。”对中国现当代文学颇为熟悉且有不少研究的陈丹晨在一九八二年一月十八日《光明日报》上发表的《陈学昭和〈海天寸心〉》一文中发挥性地引用了陈学昭个人评定的“吟风弄月”，认为她的早期散文“有时由于文字过于纤细，感情过于凄苦，而使人感到悒郁”，说她“故意不收同期所写的《烟霞伴侣》等篇作品，就是认为这些不过是吟风弄月的东西，是为她所不喜欢的”。

其实，陈学昭不愿多提及、多选《烟霞伴侣》中的篇章入新编文集，并非仅仅因为“吟风弄月”导致她“不很欢喜”，更多原因是这本七八万字的散文集的编印出版，伴随着一段她觉得有些辛酸的被她不爱的“男友”苦恋着的“情史”。漓江出版社一九八七年五月印行的三人合集《中国现代散文一百二十家札记》中的《陈学昭　天涯归客命多舛　伏枥老骥志犹壮》一文，根据陈学昭自叙有较为详细的叙述，不妨转述。

出生于一九〇六年四月的陈学昭，是与冰心和丁玲等同属五四一代的觉醒女性，她们都厌恶封建时代视女子为摆设的婚姻观念，不乐意仅仅因为漂亮而被男性追求。一九二五年年初陈学昭任教于绍兴县立女子师范时，曾于上海爱国女学就读时的同班同学季湘月的弟弟季志仁（估计对姐姐的同窗陈学昭单相恋）托家住绍兴的孙福熙代为探望陈学昭。不料这一探望，年长她八岁的孙福熙就开始追求陈学昭。但陈学昭并不喜欢孙福熙，执着追求的孙福熙尽其所能地讨好陈学昭，甚至取得了陈学昭的母亲和哥哥们的支持。当一九二七年五月陈学昭跟随郑振铎前往法国留学期间，陈学昭的家人采取手段，主要是切断了陈学昭自食其力为《大公报》撰写通讯以挣稿费维持留法生活费的路子，迫使陈学昭回国与孙福熙结婚。不久，陈学昭虽然回了国，仍未与孙福熙结婚，而又隔了几年，才于一九三一年极不情愿地以同情和怜悯的心态，嫁给一个狂热追求她但她并不爱其人的留法青年。这段无爱的婚姻苦苦维持到一九四二年八月，终于在延安边区法院根据陈学昭的意愿予以解除，仅有九个月大的女儿陈若男由法院判给陈学昭抚养。

没有找到孙福熙对他与陈学昭恋爱的记录和回忆，仅从书中，看出他对陈学昭真是一往情深！这本仅七八万字的散文集《烟霞伴侣》在装帧设计上，应该是全部出于孙福熙之手，一九二六年八月该书初版和次年五月再版时，孙福熙恰好供职于出版该书的北新书局。孙福熙亲笔写了四千字他“乐于作”的“序”，题曰《“清心长有虑，幽事更无涯”》；工于绘事的孙福熙为陈学昭画像并题词，以字“春苔”署名；此外，还为该书配了六幅精美插图。在序中，孙福熙如泣如诉地介绍陈学昭的人和文，两次使用“昭昭姑娘”亲昵的称谓，说：“我很了解昭昭姑娘的性情”，还写及两人散步时“我将树上残留的一个梅子打了下来，交他尝味”。估计是不敢使用“她”，在长序中凡提及陈学昭使用第三人称时，都使用了“他”。

如今时过境迁，包括陈学昭多次同孙福熙去拜见鲁迅，乃至《烟霞伴侣》的插图、作序等，我们再来叙说这事，就该尊重史实，把孙福熙的作用陈述出来，让读者知道。至于《烟霞伴侣》的内容和文字风格，也不可以因陈学昭后来投奔延安就贬抑这一部不该被忽视的卓有艺术成就的纯美散文集。

胡适未出席徐陆婚礼

近二三十年来，已经出版的不同作者写徐志摩的传记图书不下百余种。这些传记图书，几乎都大肆渲染徐志摩的爱恋故事，尤其是徐志摩追求林徽因完全失败之后转而追求王赓之妻陆小曼终成眷属的情节。流传最广的是徐志摩与陆小曼经“好事多磨”到一九二六年十月三日，举行婚礼时的尴尬场面，仅举例本应严谨的徐志摩传记图书的具体描述。

中国人民大学出版社一九八九年三月初版、一九九一年三月再印的赵遐秋《徐志摩传》第一百七十七页写道：“(1926年）这一年的10月3日，阴历八月廿七日，两人在北海结婚，由徐志摩的老师梁启超证婚，胡适作介绍人。”

上海文艺出版社一九九三年十二月印行的宋炳辉《新月下的夜莺·徐志摩传》书末第三百二十一页徐志摩生平简要年表中“一九二六年”项下写道：“十月

三日（阴历八月二十七日，孔子诞辰日），与陆小曼在北海结婚，由胡适主持，梁启超证婚并致词。”书前第二百〇一页更有生动的描绘：“‘女士们，先生们——’这是胡适之的声音，婚礼就要开始了。”显然，宋炳辉在他的书中认定徐陆婚礼“由胡适主持”。

暨南大学出版社一九九五年十二月印行的刘炎生《徐志摩评传》卷末传主年表“1926 年”项下中也与宋炳辉一致，为“与陆小曼在北海公园举行婚礼，由胡适主持，梁启超证婚”。

团结出版社一九九九年八月印行的杨新敏《徐志摩传》在第二百八十五页更是绘声绘色：“1926 年 10 月 3 日，是孔子诞辰纪念日。徐志摩与陆小曼的婚礼在北海董事会举行……‘女士们，先生们——’胡适还保持着美国人的说话习惯，坚持‘女士优先’的原则。他宣布婚礼开始，然后请证婚人梁启超致词。”

由中华书局（香港）有限公司一九九九年十一月印行的李夜平《天教歌唱——徐志摩》，六十四开小本，正体字即俗称的繁体字排版，该书第七十页也写着：“（1926 年）10 月 3 日，农历八月二十七孔诞日，徐志摩陆小曼再次设席北海公园董事会，正式举行结婚仪式。按徐申如的要求，婚礼由胡适作介绍人，梁启超作证婚人，一切都安排得井井有条十分顺利。”

时间跨入二十一世纪，二〇〇〇年八月四川文艺出版社印行的王远舟《诗人徐志摩研究》卷末年表一九二六年十月三日项下仍是“与陆小曼在北海公园结婚，由胡适主持，梁启超证婚并致词”。

上述这些记载，源自何处还是一个谜，但是都不可原谅！因为一九八六年由安徽教育出版社印行的曹伯言等编著的六十万字《胡适年谱》和一九八九年十二月由四川人民出版社印行的耿云志三十多万字《胡适年谱》在相应时段都明白地写着：胡适已于一九二六年七月十七日离开北京取道莫斯科赴英国参加中英庚款咨询委员会的会议，翻过年来才归国。徐陆举行婚礼的次日，胡适在伦敦给徐志摩写长信，这长信作为附录就收在多种徐志摩的书信集和文集中。

按照一般的写作常识：徐志摩传记的作者起码得找到陕西人民出版社一九八八年一月印行的邵华强编《徐志摩研究资料》；涉及胡适了，得弄来一本北京十月文艺出版社一九八九年八月印行的陈金淦编《胡适研究资料》吧！前者在第四十八页就没有说徐陆婚礼由胡适主持之事，后者在相应时段的一九二六年七月至十二月也如实载录了胡适旅欧行踪。

再谨慎一些，还可以查阅二〇〇一年十月安徽教育出版社印行的八卷本《胡适日记全编》。在一九二六年十月这个时段，胡适几乎每天都有详细日记，如徐陆结婚的这一天，胡适记了他在伦敦的事，摘要抄录，把其中的英文直接翻译为中文："今天为阿西西的圣方济各死后七百年的纪念日。他……是中古的一个怪杰。他歌颂贫穷，反对一切物质上的享受，最近于原始基督教，然离今日西洋文化的精神最远……翁君邀我同屈文六等同去游汉普顿·康拉特及温莎堡……晚上与文六同吃饭。郑桐荪、余日宣来谈。"

线装本《志摩的诗》题词

海宁市徐志摩研究会二〇一五年十月“为纪念《志摩的诗》首版九十周年”，斥资由浙江古籍出版社“按原大影印出版”了这部“仿宋聚珍线装本”，用纸是宣纸，封面用的也是瓷青纸，可谓古色古香。在该影印本“重印后记”中编者介绍说：“衬页背后印有四字：‘献给爸爸’。”见到由河南文艺出版社二〇一八年三月彩印出版的大十六开硬精装三卷本《中国现代文学初版本图鉴》，在“简介”该“仿宋聚珍线装本”时，也介绍说：“书前有作者题词：‘献给爸爸’。”无论是专门研究徐志摩的机构如海宁市徐志摩研究会，还是以研究与徐志摩创作相对应时段的文学为专业范围的两位专职大学教授且为该专业博士生导师，面临仅有十多年创作年份的徐志摩创作，对于没有完全准确掌握的硬性史实细节，也只能是“一说便错”。“仿宋聚珍线装本”《志摩的诗》卷首页的题词“献给爸爸”，不可以凭常识就判定是“印”上去或由作者徐志摩亲笔“题词”。

巧在用毛笔写这四字题词的本人正好有过认定，这个人就是著名女作家凌叔华。凌叔华在一九八二年十月十五日写给陈从周的信中，明确地说：“我手中还保留志摩第一本诗集（是连史纸印的），上面题字‘献给爸爸’也是他请我代题的！”这一段话的最后，用了一个惊叹号，当为凌叔华的刻意强调。这封凌叔华的书信见于陈从周《谈徐志摩遗文——凌叔华致陈从周的信》中，此文初收一九八五年四月花城出版社初版陈从周散文集《春苔集》一书中。后来，由四川文艺出版社印行的《凌叔华文存》和其他相关图书，也收入了这一封书信。

除了凌叔华的自我认定，细辨“献给爸爸”这四字题词的书法特点，也毫无徐志摩毛笔字的特点。徐志摩的毛笔字不难见到，他的毛笔字要饱满奔放酣畅一些，而这由凌叔华写的四个字，女性运笔的秀美端庄是显而易见的。当然，有了凌叔华的出面声明，就不必再去做无意义的马后炮似的分析了。至于为什么一定要“请”凌叔华写这四个字的“献给爸爸”题词，也不宜多做空泛的分析，比如请张幼仪、陆小曼或林徽因几个人中的任意一个来写都合适。但或许在《志摩的诗》的作者看来，徐“爸爸”对凌叔华的文才和一笔秀美端庄的毛笔字特别欣赏吧。

仍是在上述由浙江古籍出版社重版影印的“仿宋

聚珍线装本”《志摩的诗》正文之前，还加印了又一件题词，是徐志摩亲笔写给已经离异了的前妻张幼仪的。二〇一八年三月商务印书馆出版的《远山 徐志摩佚作集》和二〇一九年十月也由商务印书馆印行的十卷本《徐志摩全集》第四卷，都先后收入了这件题词，根据徐志摩手迹的释文都是一样，为“幼仪：这小集，是我这几年飘泊生涯的一帖子果实，怕没有熟透，小心损齿！ 志摩 九月上海”。

然而，对照着徐志摩题词手迹，对上述不足四十个字的释文，还得细致考究。手迹上因年代久远，“小集”后脱落了一个字，依据文义应该是脱落了一个字“子”，是“小集子”；单说“小集”，还在“小集”后补加了一个逗号，总觉得怪怪的，同时在徐志摩已有的其他文本中又找不到例证。徐志摩有使用“集子”的习惯，如《〈轮盘〉自序》开篇头一句就是“在这集子里”，在《〈猛虎集〉序》头一句也是“在诗集子前面说话”。

释文还有一处初次看到就觉得别扭的“一帖子果实”，不仅在徐志摩的著述中找不到除此之外的“一帖子”搭配词例，就在通常的书面文字和语言交流中也没见过听过。在徐志摩一九二五年九月十五日写给胡适的书信手迹中发现一处“点缀”的“点”，与这题词中被释为“帖”字的笔法和笔势走向完全一样。去查阅徐志摩的散文名作《想飞》，最末一个自然段中就有一处“一点子”，即“同时天上那一点子里的已经迫近在我的头顶”；又在徐志摩一九二四年十一月写的《死尸》译序中也看到了“那一点子机灵儿”。回头再去仔细辨认被马虎者们释作“一帖子”的“帖”那个字，正是上面的左“里”右“占”和下面脱落了四点成为空白的繁体字“點”的异写即异体字。

如此一番翻检查核和比较，徐志摩赠张幼仪线装本《志摩的诗》上的题词的释文应该可以定下来了，就是“幼仪：这小集子是我这几年飘泊生涯的一点子果实，怕没有熟透，小心损齿！志摩　九月上海”，因为只有这样才完全读得通，也符合徐志摩的语言表述习惯。

好在关于徐志摩的话题都是让人感到兴味十足的，即属于“经典话题”一类，何况又是关于诗人徐志摩自己与其红颜知己女作家凌叔华和前妻张幼仪的旧日雅致的“文事”，真还算说者愉悦、听者也乐意听而不觉得啰唆。

用《呐喊》“揩屁股”之探源

提及叶灵凤，稍熟中国现代文学史实的读者都会想起他曾写过上茅厕时用鲁迅的《呐喊》去“揩屁股”的作品。这事发生在一九二九年十一月中旬，那时叶灵凤二十四岁、鲁迅刚步入五十大寿后的第二个月。没见到叶灵凤事后对用《呐喊》“揩屁股”这一文案的发声，只找得鲁迅两次极其认真地对该起文案的反击。

流行于市的鲁迅著述，前述两次谈到叶灵凤写上茅厕时用《呐喊》“揩屁股”这一文案，一次是一九三一年七月二十日在上海的社会科学研究会所作《上海文艺之一瞥》的讲演中，再一次是一九三四年十一月十四日写的《答〈戏〉周刊编者信》，两篇文字分别收入《二心集》和《且介亭杂文》中，且都由后世的学者予以详注。

用《呐喊》"揩屁股"发案快到两年时，鲁迅所作《上海文艺之一瞥》谈及此案的讲演有两个不同的文本，其一是一九三一年八月三日上海《文艺新闻》第二十一期上的初刊件，为："这同样也可以解释为什么最彻底的革命文学家叶灵凤先生会现在莫名其妙的成了民族主义文学家了。至于我好把叶灵凤举出来，那是因为他与我有点私仇，在以前，叶灵凤曾彻底的革命得以至于每次去毛厕时都用了我的《呐喊》去揩污。"到了一九三二年十月上海合众书店印行的《二心集》，该节文字被鲁迅处理为："还有最彻底的革命文学家叶灵凤先生，他描写革命家，彻底到每次上茅厕时候都用我的《呐喊》去揩屁股，现在却竟会莫名其妙的跟在所谓民族主义文学家屁股后面了。"

整整五年过去，鲁迅还清晰地记得叶灵凤笔下的人物用《呐喊》"揩污"即"揩屁股"的事，他给《戏》周刊编者写回信时浓墨重笔地声言："这一回，我的这一封信，大约也要发表的罢，但我记得《戏》周刊上已曾发表过曾今可叶灵凤两位先生的文章；叶先生还画了一幅阿Q像，好像我那一本《呐喊》还没有在上茅厕时候用尽，倘不是多年便秘，那一定是又买了一本新的了。"

虽然带有详尽注文的鲁迅著述包括十八卷本《鲁迅全集》，都给用《呐喊》"揩屁股"的文章下了注，但无数次的经验真让我不敢轻易再去相信了。好在风调雨顺，伸手就找到了载有叶灵凤《穷愁的自传》的一九二九年十一月十五日上海现代书局印行的第三卷第二期《现代小说》，细加核校之后，叶灵凤的原作真相终于可以首次面世了！

写及作品人物魏日青用鲁迅《呐喊》揩屁股的一节在该期杂志的第六十六至六十七页，照录相关文字："照着老例，起身后我便将十二枚桐元从旧货担上买来的一册《呐喊》撕下三页到露台上去大便。我并不咒诅这间住宅没有抽水厕所的设置，那是与此刻的我太不相称的梦想，我只幸福这间鸽子笼内还有这样的一方露台。露台的一角有三尺来长铅皮盖着的小棚，这是预备堆积屋内怎么也堆不下的废物的，我自搬来每天早晨要受一次窘塞之后，便发现了这个可爱的新大陆。于是我将两张纸铺在地上，一张握在手里，仰窥穹苍的畅畅排泄一阵，然后将一张纸盖在上面提起来从露台上向下面一抛。下面是无人的荒场，自有野狗来惊诧它的幸运，一切我都不必顾虑。"

叶灵凤这篇自标为"长篇创作"的《穷愁的自传》不见后续，只在这一期登出了五千字。但他最恶作剧地用鲁迅《呐喊》"揩屁股"情节被鲁迅再一再二地提及，估计不足三十岁的大青年叶灵凤已经心满意足了，——作品写出来发表了，就是要传播，这一回非同小可，是由《呐喊》的作者鲁迅亲自一播再播！

"我的朋友"房向东义正词严地写过《"阴阳脸"与"流氓画家"——鲁迅与叶灵凤》一文，收在二〇一六年一月由上海交通大学出版社印行的巨卷《太阳下的鲁迅　鲁迅与左翼文人》一书中。在这篇文章中，房向东历数叶灵凤的“罪过”，尤其对“把《呐喊》撕去擦大便”不认同，向东兄指着叶灵凤的鼻子吼叫：“什么书不好撕，偏要撕鲁迅的书?”好在房向东兄不是做学位论文，如果是，他所在的一组又遇到我来充任答辩教授或答辩主席，我就要让他的论文“不过”。因为和《鲁迅全集》的相关注文一样，房向东也“照着老例”把叶灵凤买《呐喊》的“旧货担”错为“旧货摊”；而且，魏日青不是“把《呐喊》撕去擦大便”，每一次“撕下三页”的用途在原始卷宗即叶灵凤原著中都有准确的交代。由此推定，房向东兄根本没去查证这起“用《呐喊》揩屁股案”的原始卷宗，这与做学问要求的规范姿势不相符合。

含有舒批的徐志摩书信

细心的研究者发现，《世说新语》原著在一千五百多年的流传过程中，已有后人注文被误入原著正文的现象。即便年代近一些的《红楼梦》，该著的文本整理者也发现了“批语混入正文”的现象，如第五十回开始第三句“起首恰是李氏，”后，就有刻写本或排印本混入了二十六个字的后人批语，导致原著的文字读不通。仅有三十多年的中国现代文学珍贵史料的书信文本，也不时有这种亟待清理的文本混乱现象，只不过没有引起广泛关注。下面依据已经见到的书信手稿和有关排印释文，试着谈一下舒新城的批注混入徐志摩书信正文的文本混乱现象。

徐志摩一九三〇年六月应邀为中华书局主持《新文艺丛书》的组稿任务时，写有一封短信与中华书局编译负责人舒新城交流书稿情况。将徐志摩书信手迹中的异写或古写处理为习用的正体字，并补加标点符号后，这一封去除了受信人舒新城批注的全部书信文字如下。

新城先生：

承 嘱编著《现代文学趋势》，谨如命。笔债欠如山，期于放假期内努力一补，稍解愆尤，尚祈 亮恕。汤元吉译作因作者现在德国，所问事代答如次：改名《苏英美》当无不可，《译馀言剩》删去亦可；索酬一节可否暂为保留，译者最初来函拟抽版税且须在百分之十五以上，容再函问；同时书稿尽先付排可也。拙作小说集（《轮盘》）已逾年馀尚未杀青，乞为一催至荷。敬念

早安

弟 志摩上 星二

检读二十世纪八十年代初以来的二三十年间公开出版的好多种徐志摩书信集或者含有这封书信的徐志摩文集、全集，所收入的这封书信文本大多弄得有三四处句意读不通。细究之后，原来都是误将舒新城的批注混入了徐志摩的书信正文。舒新城的批注虽龙飞凤舞地行草书写，但并不太难辨。

徐志摩此信的写作时间只有“星二”，一九三〇年六月有四个星期二，恰好舒新城狂草签名“城”处左侧有“十一日”。查历书，一九三〇年六月十一日这天是星期三，舒新城于收信的次日就及时处理落实

了昨天早上徐志摩来信所提出的几个问题。如此，徐志摩这封书信的写作具体时间就定下来了，便是一九三〇年六月十日；今后该信写作时间“六月×日”中刺眼的“×”符号，就可以准确地以“十”取代了。

舒新城第一处批注写在徐志摩书信后半“书稿尽先付排”的“付排”处，他画了短竖线并注曰“办法定后再排”，——精明出版家的稳妥做派啊，要“定”的“办法”就是徐志摩说及的“索酬一节”，价钱谈妥后“再排”；具体措施舒新城也写出来了，就是写在插入指示“付排”的斜线左侧的“催询左先生”，这位“左先生”当系负责作者“索酬”的会计工作。

舒新城的第二处批注是关于徐志摩本人的“小说集（《轮盘》）”出书的事，其批注内容是“问出版部蒋先生何日可出版”。估计很快见到了“蒋先生”，舒新城又在已画了短竖线的“小说集”右侧字行空白处写下“四月初七付印”。查证徐志摩小说集《轮盘》初版的“印刷”时间，真还就是“民国十九年四月”，这里“四月初七付印”的“四月初七”是公历的月和日。

可以想象得到，把上述舒新城的批注与徐志摩书信文本混为一体，简直让人莫明其所以然，如二〇一七年四月由浙江古籍出版社印行的“增补本”《徐志摩书信新编》中的该信末句被弄成“拙作小说集《轮盘》（四月初七付□）已愈年馀，尚未杀青，乞为一催问出版部蒋先生何日可出版，至荷”，读起来简直让人脑子一片糊涂。

整理重印先贤的书信著述，有幸见到了具备文献价值的完整手迹，再不虔诚地做苦工逐字逐句逐标点符号细心辨认，还不如就清晰影印先贤的书信手迹来得恭敬些。

参照徐志摩稍前一封书信，被舒新城建议改名为《苏美英》的“译作”是一个剧本，译者汤元吉给出的译名为《苏小妹》。在中华书局老档案中，徐志摩向舒新城申报《苏小妹》“可否收《文艺丛书》”的书信写于这年的五月底，中华书局在徐志摩来信上盖的收件日戳为一九三〇年六月二日。舒新城的办事效率真是可圈可点：除了组织徐志摩赶写《现代文学趋势》新著外，对徐志摩荐来的书稿立即表态：《苏小妹》俗气了些，更名为《苏美英》，还建议删去《译馀言剩》的序跋。稍懂出版的人都明白：《苏美英》这个书名真可以“卖座”，读者会以为是谈苏联、美国和英国三个国家的事；——打一个“擦边球”，先把书做成市场再说。

舒新城精明、干练的内行风度，让如今的出版从业者们几乎望尘莫及。

一九三〇年年底徐志摩一封残信

手迹见于《中国嘉德国际拍卖有限公司 2009 春季拍卖会图录》的徐志摩一封书信前半部分，有二百四十字，全录如下。

适之兄嫂：

你们去了十多天，还不曾通信，一切想都安好。北京对你们的欢迎是可想而知的，上海少了适之，就少了狠多，平社比方说就不曾开过会。笔会这星期日开会，沈雁冰、达夫等都允到，你在北京亦可着手组织。上海一班文人似乎颇吃醋，有一张攻击我，说我一人包办，这是《申报》宣传的反响。我意思以后此项宣传可以无须，我们自己多出几个真够“笔员”资格者是真的。说起《诗刊》第一期，定于年内出版，你赶快寄东西来，还赶得上。我狠想你加入，因为一来助兴，二来你是前辈英雄，不可不到。中大两小诗人陈梦家、方玮德十分起劲也……

已有人将此残信的写作时间定为一九三〇年十二月，这里对写信年月的推算是可信的。其实硬抠胡适相关日记上的时间，还能进一步弄明白徐志摩该封书信约写于哪一天。

残信正文开头的“你们去了十多天”中的“十多天”，在习惯口语中应是“十二三天”，超过“十五六天”就要说“近二十天”。胡适是一九三〇年十一月二十八日上午“九点后开车”离开上海“北行”的。他这一天的日记中有：“今早七点起床，八点全家出发，九点后开车。到车站来送别者，有梦旦、拔可、小芳、孟邹、原放、乃刚、新六夫妇、孟录、洪开……等几十人。在上海住了三年半（一九二七年五月十七日回国住此），今始北行。此三年之中，我的生活自成一个片断，不算是草草过去的。此时离去，最舍不得此地的一些朋友，很有惜别之意。”上前天的日记胡适写出“最舍不得此地的一些朋友”中“最不能忘者是高梦旦先生，其次则是志摩、新六”，还有张元济即“菊生先生”，而且认为“能常亲近梦旦、菊生两公，是我一生的大幸事”。

上录胡适日记写及“到车站来送别者”均为文化界一时俊彦，如汪孟邹和汪原放是大出版家、“新六”是学者徐新六。胡适的这些友人，大多也是徐志摩的友人。徐志摩说的“平社”和“笔会”，应该是胡适、徐志摩与一帮文化友朋和同行邀约周日聚会，规模不大，因为“文学社团”类工具书上找不到登录。依徐志摩信中所说，胡适在上海的三年半中，“平社”和“笔会”一般都是如期举行。细查这个松散的文化群体的参与人员当年的日记和书信，还可以钩沉出“平社”和“笔会”的详况。不可小看，这个群体的每个成员都是当时领先类型的或一学科的厚实个体，而且他们有纸媒阵地即自办了报刊，也有舆论发表舞台即大学讲堂，这些人大都是大学教授，也都是某一方面的专家。

照上面的推测，此信应写于一九三〇年十二月约十一日，这一天是胡适“去了”的第二周的星期四。胡适“去了”即离开上海后头一周“平社”不曾开会，第二周被徐志摩记住了，他在“十多天”胡适走后的第二周周四邀约“笔会”会员周日聚会，连茅盾和郁达夫也“允到”。也可以说真是大事，——茅盾和郁达夫在当时已是著名作家，他们能出席徐志摩主持的“平社”周日例会，说明了三十四岁的徐志摩的确有自己的号召力。

去查阅详尽的茅盾和郁达夫的年谱，这一天即一九三〇年十二月十四日他们的行踪均为空白。一般地讲，徐志摩亲自通知、茅盾和郁达夫都“允到”了的聚会，应该会实施的。

还有一件硬性史实，徐志摩说上海报章“有一张攻击我，说我一人包办”，也可以查一下相关报刊把它落实下来，以使徐志摩的生平史料更显丰满、更具细节。

又多出一天徐志摩事迹

华宝斋富翰文化有限公司和浙江人民出版社二〇二〇年五月联合印行了五卷本一函的《徐志摩墨迹（增补本）》，由杭州徐志摩纪念馆馆长罗烈洪主编，大十六开宣纸传统线装，其第五卷《题字》这一辑收入了徐志摩一件“墨迹”，无题，照录如下。

他俩初起的日子，
像春风吹着春花。
花对风说“我要”，
风不回话：他给。

但春花早变了泥，
春风也不知去向。
她怨，说天时太冷；

“不久就冻冰，”他说。

君允佛西掉牙　志摩

二十年二月四日

这件徐志摩“墨迹”是自右至左地竖写，“君允佛西掉牙”中的“君允佛西”是并列写的，“掉牙”写在“君允佛西”后的中缝位置，空了两个字再写“志摩”签名，再转行低几个字写民国纪年的“题字”时间。《徐志摩墨迹（增补本）》，没有注明这“题字”是写在什么地方或是怎么发现的。二〇〇四年五月由西泠印社出版，由华宝斋发行，也是五卷本的《徐志摩墨迹》，就没有这件“墨迹”。

熟悉徐志摩诗作的人，大多能很快就可以记起徐志摩曾有一首诗题曰《季候》，跟上录八行“题字”正文完全一致，只不过多出带圆括号的汉字数码编号“（一）”和“（二）”以及标题。这首《季候》最初发表在一九三〇年六月才真正出版的《新月》月刊上，依照准时月刊印行时间应该是四个月前的二月十日。也就是说，徐志摩这首《季候》写毕交稿的时间不晚于一九三〇年一月初。因为初刊《季候》诗后没有写作时间，从徐志摩其他已知的诗作一旦写出不是立即交报刊发表就是立即请同行高人如胡适这类朋友传观来推测，我们可以把这首诗的写作动因和写作时间弄出一个概数来。

发表在《新月》月刊上的《季候》，估计一般读者读后，都会觉得就是泛写嘛，不再去追究徐志摩写这诗的原始动因。有了《徐志摩墨迹（增补本）》上这首诗的诗人亲笔“墨迹”，尤其是写赠对象“君允佛西”，就让熟悉徐志摩不少诗作全有具体的抒说对象一样，这首《季候》也可以有坐实内容让我们欣赏作品所指。

《徐志摩墨迹（增补本）》把这“题字”命题为《题赠熊佛西夫妇》，见了“墨迹”方知是“君允”在前、“佛西”在后，这时候也确实是一对夫妇。“君允”的全名为朱君允，一八九四年出生，比她的丈夫熊佛西大六岁。熊佛西、朱君允夫妇与徐志摩之间的关系相当密切，熊佛西一九四一年八月上旬抵桂林次日，从报上得知许地山在香港病故，他那些天“不断地想起往事，想起些老朋友，尤其想起亡友许地山和徐志摩”，这是他在《忆亡友许地山》一文中写的。熊佛西在徐志摩去世十周年的时候，还写了专文《忆志摩》公开发表。这篇文章中熊佛西认为徐志摩“他待朋友天真，诚挚，他从不谈人‘是非’，也不挑拨朋友中的情感，决没有‘文人相轻’，或对甲说乙在骂甲，而对乙又说甲在骂乙的坏习惯，他从来不骂人”。朱君允跟她三个孩子的父亲熊佛西一样，在一九四二年六月重庆国民图书出版社印行的诗文集《灯光》一文中写道：“朋友中有两个人对于一切，那样的不存恩怨。一个是志摩，一个是地山，这好像是个人的性格聪明。”

仔细品读徐志摩《季候》一诗，再联系熊佛西和朱君允后来终于在生了第三个孩子一两年后，两人毫无留恋也毫无争吵地分手，徐志摩十年前与这对夫妇的交往中观察出的一些迹象如写入《季候》诗中的真是被应验了，——诗的头四行是“他俩初起的日子”、诗的后四行就是结局。不见对熊佛西和朱君允婚姻实况有这方面的考察文字发表，朱君允和熊佛西这对文学夫妻最终的劳燕分飞，也是一奇。据一篇文章讲，是熊佛西到了香港住在许地山家中，突然给朱君允写了一封信，赞扬朱君允的个性很坚强，相信她一定能独自养大三个孩子的。这封书信，就是熊佛西逃离家庭的宣言。不知写信时熊佛西已经跟青年话剧演员“皇后”叶子同居了没有。我们自然对熊佛西这种“始乱终弃”可以指责，但后来包括叶子和其后与熊佛西短暂生活过的女性同居者，都没有重新正式结婚，也都是很快就分手了，就不太好依照常情常理来分析熊佛西的作法了。

本文题目所示，便是“题字”末的“二十年十一月四日”即一九三一年十一月四日这一天，徐志摩为熊佛西和朱君允夫妇用毛笔抄录了已经发表过的这首诗。这一天，他们都在北平，多半是徐志摩拜访老朋友熊朱夫妇时有了抄下这首诗的特定背景。如果熊佛西或朱君允有回忆徐志摩是如何将此诗写了赠与的文字发现，至少《季候》可以有另一种坐实解读的第一手史料了。“题词”中的签名上方的“掉牙”，就是“一笑”的意思，——徐志摩的词汇真是丰富有趣。

一本『对译』书中丰子恺事迹

二十世纪三十年代，开明书店组编了一套封面图案不变的大三十二开本“英汉对译”丛书，其中一本就是丰子恺“译注”的史蒂文生《自杀俱乐部》，一九三二年四月在上海印行。在这本书的最末一页的中译即汉字那一面全文“（终）”字后，另提一行，有“二十年六月十八日译毕”，即一九三一年六月十八日译完这本书。

什么时候开始译注这本史蒂文生《自杀俱乐部》，丰子恺在该书卷首的《译者序言》有交代：“最近的翻译《自杀俱乐部》”，“是我近来的生活中最有精彩的数星期”。“数星期”，虽然不太明确，但止于这年“六月十八日”却是定了下来的。一般在口语中说“数星期”，应该是五六个星期。那么，截至“六月十八日”，往前推五六个星期，丰子恺开手“译著”史蒂文生《自杀俱乐部》当在这年五月前后，五月上旬是比较合适的。

这里的“五月前后”也可以用丰子恺为史蒂文生《自杀俱乐部》“对译”本写的《译者序言》头一整段作依据：“在家里，写稿往往是我一人的世界中的事，儿童们不得参预于其间。惟最近的翻译《自杀俱乐部》，我和儿童们共感兴味：我欣赏 Stevenson 的文章；他们则热中于《自杀俱乐部》的故事。白天我从书中钻研；晚间纳凉的时候他们从我口中倾听。睡后我梦见种种 Stevenson 风的 sentences，clauses，和 phrases；他们则在呓语中叫喊，‘王子’‘琪拉尔定’和‘会长’。这是我近来的生活中最有精彩的数星期!”乡间的“晚间纳凉”不会早于五月，查万年历，这一年立夏为五月六日，刚合适。《译者序言》后有写作时间，这样就有了两条丰子恺事迹登录了。

一九三一年五月前后至六月十八日，丰子恺在嘉兴老家“译毕”史蒂文生《自杀俱乐部》并予以详注。翻译的方法，是白天丰子恺自己钻研，夜间纳凉把白天理解了的内容讲给自己的孩子听，等孩子们歇息了，丰子恺再用文字写下来。

一九三一年七月九日，丰子恺仍在嘉兴老家为上月十八日译毕注释完稿的史蒂文生《自杀俱乐部》写《译者序言》。

三十三四岁的丰子恺对他“注译”的这本史蒂文生《自杀俱乐部》颇为满意，在《译者序言》第二段一开始他这样说：“因翻译的经验，我确信这是对于文章和故事俱有兴味的青年学生的适当的英语读物。”该书列入“英汉对译”丛书，打开书页正文左页是英文和脚注、右面是中译，一九三二年四月由上海开明书店出版，共二百四十七页。我见到的这本，版权页上注明是“普及本”，“实价大洋柒角”，在当时这书价已经相当贵了，一个保姆如想买这本书，就得花掉她一个月全薪的三分之一。

或许是这本《自杀俱乐部》的原书不太容易见到，导致二〇〇五年九月青岛出版社印行的五十万字《丰子恺年谱》和二〇一七年一月中国社会科学出版社印行的八十万字《丰子恺年谱长编》均无对应的丰子恺事迹载录。即便登记了该书的地方，也没有该书的出版月份，足见相关人员见不到这本老旧的翻译书。

徐志摩致李惟建一信

安徽的黄山书社一九九四年十二月印行的一套四十二册本的《胡适遗稿及秘藏书信》第三十二册，和杭州的西泠印社二〇〇四年五月出版的一函五册本的《徐志摩墨迹》第四册，都收有一封徐志摩写给李惟建的书信手迹，很漂亮的行草，影印得非常清晰，稍加细心赏读，都会觉得不难辨认，全信释文如下。

惟建我兄：

得书借知　诗侣已自西湖迁回沪上，至以为慰。北来正逢东省大事，心如悬旌，竟不能作事，每日心烦自恼，不知如何乃可。　兄等在南，想亦有同感。承询译莎翁事，函到适胡先生已南行，或　兄已与见面谈过，亦未可知。此函到时，胡先生当仍在上海，其寓址可由洵美得之，能与面定一切最妥，因此业乃

胡先生独立主政者也。庐隐近来有何作品，久不见颇想念也。此念

双佳

志摩　十月二十六日

此封徐志摩书信的受信人李惟建，是四川成都人，一九〇七年七月生、一九八一年十一月在成都去世。一九三〇年八月，经过两年半的苦苦追求，李惟建与比他大九岁的女作家庐隐终于结为夫妻。婚后，庐隐立即辞去北京师范大学附属中学的教职，与李惟建双双东渡日本；但终因经济不支，年底只好回国。在杭州住了一段时间后，移居上海。徐志摩书信中的“得书借知　诗侣已自西湖迁回沪上”，就是指这件事；雅呼“诗侣”，指庐隐和李惟建夫妇。

信中说的“译莎翁事”，当指李惟建准备翻译莎士比亚的戏剧剧本交付出版，以便及时得到生活上急需的费用。但徐志摩没对这件事情表示态度，赶紧让李惟建迅速联系前不久刚刚自北京赴上海的胡适直接交涉：“能与面定一切最妥，因此业乃胡先生独立主政者也。”

包括“译莎翁事”等在内的译事，胡适的日记有一些载录。如胡适一九三〇年八月十三日所载录的：“实秋、一多、太侔来。我请他们先拟一个欧洲名著一百种的目，略用‘哈佛丛书’为标准。”从语气看，“此业乃胡先生独立主政者也”所言不虚。一年后，胡适又在一九三一年九月二十六日的日记中载录：“十

二点，子高和我邀一班物理学者餐叙，谈翻译物理学书的事，到者：丁西林、叶企孙、吴正之、萨本栋、王守竞、严济慈、丁绪宝。今天谈的很好，六个人（除丁绪宝君）都允担任译书。”从胡适这一天的日记推测，他这回“独立主政”的该套翻译著述，规模比较大。“其寓址可由洵美得之”，是告诉李惟建如果要去找胡适，可以从诗人邵洵美处得到胡适下榻的旅馆。

收有这封书信的已见多种徐志摩著作的排印本上，发现该信共同的手迹辨识差错有六处：第一处是“借知”误为“藉知”，规范简化字中“藉”作“借以”讲时不能用“藉”，只可以用“借”；第二处是“迁回沪上”的“迁”被错误地辨识为“边”，繁体字的“遷”和“邊”不注意确实会混淆，但人家徐志摩是写得明明白白的；第三处“心如悬旌”被错误地辨识为“心如热旌”，徐志摩手迹中“懸”也是写得清清楚楚的，再说“心如热旌”在意思上是不成立的；第四处“函到适胡先生已南行”中的“适”是“刚巧”，被武断地妄改为“时”，或许以为是同音字误写；第四处“此业”的“业”的繁体字，辨识不出这个字就用了一个方框；第六处是“庐隐”的名字，被误为“卢隐”，徐志摩手迹写得很清楚，同时人名是固定搭配，不得随意改变的。短短的一封书信，弄成了这个样子，叹叹。

以上所说的“收有这封书信的已见多种徐志摩著作的排印本”，其中就包括二〇一七年四月浙江古籍出版社印行的“增补本”《徐志摩书信新编》，给这一封书信加了一个题注，说“此信摘自中国社科院近现代研究所图书馆藏胡适档案中”，简直神乎其神，其实我们弄研究的不就是需要一个作者亲笔书写手迹的影印件足矣。而这封书信的手迹影印件就收在《胡适遗稿及秘藏书信》和《徐志摩墨迹》两套书中，本文一开始也说了。就是这一种精装厚本头的“增补本”《徐志摩书信新编》，本该“集大成”弄得无差错的，结果也是“心如热旌”、也是“此□”和“卢隐”地一塌糊涂，还要炫耀出“中国社科院近现代研究所图书馆藏胡适档案”的植入广告！就凭“此业乃胡先生独立主政者也”的“此业”弄成“此□”，我敢说编者没有见到他们所说的什么什么研究所图书馆藏胡适档案，他们根本不知道在哪里。

还有，在徐志摩这封书信手迹中，提及受信人时其前都有空格表示尊敬，也应该依据手迹照空，如书信开始的“诗侣”前就有一处空格，最好也空出一个字的位置来。

冰心『头一次』为自己『更正』

海峡文艺出版社二〇一二年五月出版了再次由九卷本增订的十卷本《冰心全集》，但是其书信卷在一九三一年也仍只有两封信。浏览一九三一年十二月十四日在上海出版的第四十号《文艺新闻》第二版，发现一封完整的冰心书信，可使将来的第四次增订本《冰心全集》有所添补。

《文艺新闻》记者先生：

来信及二十年九月十四日的《文艺新闻》早已收到，因忙未即复，甚歉。关于我对于普罗文学之谈话，报章所载，与我与记者所谈大有出入。至于所谓“受了卢布”之语，更无根据。因着无根据的一句话，使我受了批评，是很意外的一件事！年来外边对我的记事和言论无根而失实者甚多，多从来没有注意过、

更正过。这是头一次——希望也是末一次。专此布达，请　撰安

谢冰心　十一月廿五日

冰心这封信被冠于标题“冰心更正”，另起一行的副题为“记事无根而失实”。为引起读者醒目，“更正”两字用小号字，大号的“冰心”两字就更突出了！冰心来信前有几句交代，为“《小说月报》社转来冰心女士信，请求更正本报二十号所载彼对《文艺新闻》记者之谈话，函云：”，紧接“函云”后的冒号全文排印了冰心来信。

当年也有马虎的编辑，这里不足四十个字的交代几乎全错！幸亏冰心的来信写得很清楚，否则又是一桩糊涂史案。冰心“请求更正”的不是《文艺新闻》“二十号所载彼对《文化新闻》记者之谈话”，而是冰心首先明确点出的“二十年九月十四日的《文艺新闻》”上“关于我对于普罗文学之谈话”的“报章所载”。查一九三一年九月十四日的《文艺新闻》，这一期为“第二七号”即第二十七号不是“本报二十号”，更不是“彼对《文艺新闻》记者之谈话”，而是“《南华日报》载有一篇《冰心女士及其反普罗文学论》。其中引了一段冰心女士的谈话，如下：‘普罗文学，从前虽曾有一度高涨，然推其原因，亦不过因中国政治紊乱，一般受生活压迫者之极端心理的反映，又可说是受了卢布的人，凭空去制造以转移人心，其实这一种变态的文艺，没有什么价值的。’”

熟悉二十世纪三十年代报刊史的人，都知道《南华日报》的深浅。一九三〇年二月创刊于香港的《南华日报》是当年国民党内反蒋派系在南方的主要报刊之一，由汪精卫派系主持，操办人为曾仲鸣，主要发表与蒋介石政府唱反调的文章，同时也反对中国共产党，可谓汪精卫集团“和平反蒋反共救国”的重要舆论阵地。抗战胜利后被国民党中央机关接收，一九五〇年五月停刊。

从冰心来信得知，她确实接受过《南华日报》记者的采访，她只是不承认《南华日报》所发表的她关于“普罗文学”的“谈话”。冰心虽然不属于那几年颇为闹热的“左翼”文学群体内的作家，但她这封来信却是“识大体”的，她只“更正”《南华日报》上所登她的“谈话”，说“关于我对于普罗文学之谈话，报章所载，与我与记者所谈大有出入”，只字不提属于左翼外围组织的所谓进步报刊《文艺新闻》。其实，这一期《文艺新闻》第三版《Radio 播送》专栏发表署名“星虚”的一千多字的《美国的金圆　中国人的血肉》，全用事实述说冰心及其丈夫吴文藻供职“英美两国五个教会合立的教会学校”燕京大学，他们夫妇的“大部分或全数的款是从美国捐来的”，又分析“美国的钱”实质也是“中国人的血肉”。

从这篇写于一九三一年八月十六日的千字文，能推测《南华日报》发表《冰心女士及其反普罗文学论》的时间大约在八月上旬末三四天。再往前推，冰心接受《南华日报》记者采访应该在这一年的七八月交界那几天内。如此，更完善的《冰心年谱长编》又多出冰心行踪细节两例，而且是很重要的生平事迹。再加上冰心收到上海《文艺新闻》托《小说月报》转交的样报和附信，以及一九三一年十一月二十五日写回信，——全是实实在在的纪事，更不用说还多出了一封完整的冰心早年书信。

巴金《家》中的『承重孙』

被称为“定本”的《巴金全集》本《家》，是由人民文学出版社一九八六年十一月在北京印行的二十六卷本《巴金全集》第一卷，该“定本”《家》第三十五章两次提及“承重孙”这个名词。第一次提及，是作品写到“人们又请了一大群和尚来‘转佛’”，为刚死的祖父高老太爷所进行的系列葬礼之一：

和尚是一百零八个，每人捧了一支燃着的香，口里念着佛号，不住地在堂屋和天井里兜圈子，从这道门进堂屋，又从那道门走出去，走了阶上又阶下。在和尚后面跟着觉新和他三个叔父。他们手里也捧着香。觉新领头走，因为他现在是“承重孙”了。

往下再隔三个自然段，再一次写及“承重孙”。

这个名词至少在这一章，是很要紧的。无论默读欣赏还是朗读作品，这个“承重孙”的“重”都面临一个必须确定读音和释义的问题，因为这个字有 chóng 和 zhòng 两个读音，读哪个音似乎都可以自圆其说：读 chóng，因为有“重孙”之固定搭配；读 zhòng，因为有“承重”之固定搭配。图省事，先去查现成的巴金专业工具书。

甘肃教育出版社二〇〇〇年九月印行的《简明巴金词典》，没有收“承重孙”这个名词。一九九〇年十一月由四川辞书出版社印行的《巴金语言词典》收了这个名词，词条全文为：

【承重孙】 chéng chóng sūn　替代已故的父亲为祖父母送终的长孙。　觉新领头走，因为他现在是“～”了。（《家》三十五，第一卷第 365 页）

四川辞书出版社是巴金家乡成都的省级专业出版社，巴金的《家》写的又是一九二一至一九二二年成都一个“资产阶级大家庭”生活的长篇小说，按理说，上录的关于“承重孙”的读音和释义我们都该无条件地信任，但细细究察，真不敢轻易认可。首先在读音上，把“承重孙”中“重”这个多音字注为 chóng，就不合事实。事实是，高觉新不是高老太爷的“重孙”，而是高老太爷的长孙。还有释义，也让人不放心：因为民国年间承袭封建习俗者甚夥，尤其是“视死如生”的大事丧仪，更不敢越陈规旧制而随心所欲。目前的解释，似乎是将就着举办高老太爷的丧仪。

熟悉巴金《家》内容的读者都知道，高老太爷共生育有五个儿子，长子便是高觉新的爸爸高克文。但，这长子不幸英年早逝，祖父高老太爷就命令正在念书的长孙高觉新辍学代替自己的已故长子即觉新的父亲料理大家庭。也因为封建丧仪规制，即便三儿、四儿和五儿均健在，祖父的丧仪也只准长孙为主承办，这就是“承重孙”的含义，读音也因此只能读“重”为 zhòng。

查阅由商务印书馆出版的权威的《现代汉语词典》，从一九七三年五月的“试用本”到二〇一五年九月的第七版，都有“承重孙”这一词条，“试用本”词条全录如下：

【承重孙】chéng zhòng sūn　按宗法制度，如长子比父母先死，长孙在他祖父母死后举办丧礼时代替长子做丧主，叫承重孙。

以后的七个版次，该词典中“承重孙”及其释文仅有个别文字变动，注音和释义都没大变化。

然而，作为文学作品《家》，我们更关注作者的初始描述。巴金《家》的初刊是一九三一年、初版是一九三三年五月，在初刊和初版的文本上都有“虽然这时候他还不知道承重孙底担子究竟有多少‘重’”的交代。或许，二十七八和三十岁时的巴金当时就担心读者把“重”的字音读错，特意补上一句，可惜一九三七年五月仍由开明书店印行的“十版改订本”《家》删去了这句重要的交代。

德版麦氏木刻集的底本

河北教育出版社二〇〇三年五月印行的李广宇《叶灵凤传》设有《为书籍的一生》专章，叙说叶灵凤“痴书”生涯，其中写道：“最难得的是叶灵凤慨然将自己珍藏的一套麦绥莱勒的木刻集，借给赵家璧制版。那是一九三三年的夏天，上海的一家德国书店新到一批麦绥莱勒的木刻连环画。赵家璧听说后，很想在他供职的良友图书公司出版一套麦氏丛书，并得到了鲁迅先生的大力支持。当他赶到书店去买时，早已被懂行的人捷足先登，其中就有叶灵凤。赵家璧就向灵凤求借，灵凤满口答应……不幸的是，原书却因为拆开制版，已弄污了许多，无法完璧归赵了。灵凤自己长期从事编辑出版工作，按说对这个后果应该能预料得到，但他还是毫不吝惜地出借，其精神是颇为感人的。尽管以后赵家璧表示愿意出钱给叶灵凤重新订购，但是能否如愿购得，就连叶灵凤本人也记不清楚了。”

上录《叶灵凤传》中的文字，有好几处模糊叙述，如：赵家璧想出版麦氏木刻集“得到了鲁迅先生的大力支持”，这“大力支持”具体有哪些？赵家璧重印麦氏木刻集“弄污”后“愿意出钱给叶灵凤重新订购”，结果如何？

就这么一件小小的赵家璧向叶灵凤借四本德版连环画底本、还书时因赵家璧把底本“弄污”改为“出钱给叶灵凤重新订购”的书事，《叶灵凤传》的作者李广宇也无法弄明白。其实，双方当事人都有“回忆”文章公开发表。查阅后，虽然赵家璧有意搅浑水，但仍说得明白的。

后一件事，作为善良乐于助人而又处于弱势一方的叶灵凤在当时就留了一手。他把赵家璧借用德文麦氏木刻原版书的整封书信在一九三六年五月生活书店印行的《现代作家书简》予以全文公布，此信占去两整页，详述向叶灵凤“借用”麦氏“木刻书后”的“万分感激”，以及“原书因为制了版，已弄污了许多，将来排版时还需要它”，在“弄污了的书，又不便还给你”的情况下，商求叶氏“想照价连邮的托你去另定一份”并表示如“答应”赵“马上送钱给你，等新的到了，就用新的还给你，旧的留在这里”。

但是关于借用叶灵凤私人藏书麦氏木刻集德版原本一套的事，赵家璧这里却是“揣着明白装糊涂”，他一九八〇年前后有过几次提及这事，最初他想扯上鲁迅，说鲁迅有麦氏木刻原版书中几本，后来又改变了说法，说他亲自到上海一家德国书店去买的，真让人看不下去他的撒谎。其实赵家璧对这事的“虚构”，白纸黑字，他在一九六一年九月二十四日《人民日报》发表的《鲁迅与连环图画》一文中，这样写道：“1933年春，我在一家德国书店里买到四种麦绥莱勒的木刻连环图画。第二天，我就带了书去见鲁迅先生，告诉他我们准备把它翻印出版。他很高兴我们能这样做……”赵文已收入一九七九年六月人民美术出版社印行的《回忆鲁迅的美术活动》一书中。

应该是定居香港的叶灵凤读到了赵家璧在《人民日报》上的“虚构”麦氏德文版木刻连环画原书的文章，他立即写了千字文《关于麦绥莱勒的木刻故事集》，干净利落地宣布：“一九三二年夏天，我在上海一家德国书店里买了几册麦绥莱勒的木刻故事集……赵家璧见到了……想翻印”，只好全借给他，不料“后来赵家璧说制版时已经将每一册都拆开了，不肯还给我。当时在上海买德文书又很难，虽然赔偿书价给我，可是已经不再买得到，于是我便失去那四册原本了。”叶文已收入《北窗读书录》，此书作为“叶灵凤随笔合集之三”由文汇出版社一九九八年八月公开出版了。

在一九八四年八月生活·读书·新知三联书店印行的赵家璧《编辑忆旧》书中，收入的长文《鲁迅与〈木刻连环画故事〉》第二部分，这位“老出版家”读到了叶文，更见到了重版的收有他当年致叶灵凤谈

“借用”麦氏木刻德版原书之亲笔信，他良心回归，写出了他“认可”的“史实”：“七月中，我听说江西路德国人开的璧恒书店到了四种袖珍本木刻连环图书，就是鲁迅文章中所说‘每本三马克半，容易到手了’的麦绥莱勒版画作品的普及版……”这位赵家璧呀，再显示其“小”，说书是“普及版”，好在后面不再虚构地说“我立刻把它买了下来”，而是“我去时早已卖光了。以后知道叶灵凤买到，向他借来”！

借书的事，不知说清楚了没有。至于鲁迅的“大力支持”，就是担任四本之一的序文写作并在每幅图下配说明文字，自然是有不低的稿费的。

到此才敢说，《叶灵凤传》的作者没有多看极易见到的文献，成书太匆忙了。

王平陵捍卫徐志摩

“徐先生死后，我们读着许多评论他的文章，记念他们的诗歌，大概都是出之于自居为徐先生朋友的手笔。这些先生们都好像是很知徐先生似的。其实，我们就没有能读着一句于徐先生有比较中肯的评语。”

上录的一节，抄自一九三四年八月五日在南京印行的《创作与批评》第二期所载王平陵《论徐志摩的诗》。写这篇文章时，王平陵虽已三十六岁，但他的一些判断仍有幼稚之处，如说“徐志摩死后”近三年所有关于徐志摩的文章“就没能读着一句于徐先生有比较中肯的评语”，就是不成熟的偏激看法。但，紧接着的具体言说，还真值得珍视。

王平陵举例“最接近于徐先生的，当莫过于他的夫人陆小曼女士”的“评语”。针对陆小曼在《云游》序文中“夸奖”她丈夫说的“说实话，他写的东西是比一般人来得俏皮”，王平陵单刀直入地反驳道：“像这样的话，我以为是根本错误了的。徐先生也许与陆女士谈心的时候，不免使陆女士觉着俏皮；但，他的诗和散文，都是很严肃的，就是抒情的诗，也没有开玩笑的态度，至少，俏皮的成分在他的诗集中，是不容易发见的。”

穷追猛击，再引《云游》序文中“陆女士又说的”徐志摩“有些神仙似的句子看了真叫人神往，叫人忘却人间有烟火气”，再单刀直入地反驳道：“像这样的评语，是更可笑了。徐先生决不是诗仙，他的诗，很有几首富于社会的意义。”王平陵极其认真地过录他认为“富于社会的意义”的“显明的”《火车禽住轨》这首诗头四节，而后“细读”其“社会的意义”：“就在这几行轻描淡写的诗句中，我们可以体验到农村的荒凉，战后的寂寞，而写法非常生动自然，胜过用十万字来写的小说。像这些都带着深刻的‘人间味’决没有像陆女士所说的脱除了‘烟火气’呵！果如陆女士之所云云，徐先生的诗，乃真为少奶奶小姐们的玩物，毫无价值可言了。唉！陆女士未免错观了你的达达吧！”这最末的“达达”当为“爱人”、“丈夫”之类的方言亲切异称，王平陵该文使用了几次。

两次定点射击陆小曼之后，王平陵还要端起机关枪“横扫”一次：“有许多人像陆女士似的批评徐先生的诗，以为他是唯美的，抒情的，浪漫的。在我观来，都是错误的。徐先生的诗有很多是带严肃来的社会意义的。即是写爱情，也没有出之以开玩笑的态度。”这最后一句，原刊是打了着重点号的，表示强调。这里的“横扫”，被驳击的对象至少有一批当年和其后几十年声名卓著的大家名家，如茅盾和冰心等。

不过，王平陵如此认真地跟陆小曼计较，倒有些不值得。从陆小曼的全部日记看，她并没有读过多少书，对徐志摩的创作思想谈不上了解。加上她因身体上的原因，导致她精神上的变更，对文化更不上心，倒是逼丈夫徐志摩拼死命赚钱供养他们陆家一家人使得她用尽心机。看戏打牌上瘾，而且奖励她看得上眼的戏子她更是一掷千金，徐志摩无论怎么拼力打几份工也赶不上陆小曼的开销……徐志摩死后，陆小曼几篇怀念丈夫的文字，也多半是应酬了事。

这篇《论徐志摩的诗》及其作者王平陵，完全被人遗忘了！在该文前半部分，王平陵自述他与徐志摩的交往，更是极可贵的史料，尤其是徐志摩陪泰戈尔到南京东南大学体育馆举行公开演讲，徐志摩“运用其如簧的辩才”为演讲的泰戈尔作翻译，担任演讲记录的就是王平陵。后来，王徐二人又有几次约见。王平陵本人也并非等闲之辈，在国民政府移住重庆的“陪都”时段，他和老舍几乎苦苦支撑了整个抗战时期的“抗战文学”八年不少琐细的组织工作，对徐志摩的捍卫，体现了王平陵文学立场的中立特点。

鲁迅《奇怪（三）》暗射叶灵凤

中国社会科学出版社一九九二年十二月印行了两卷本《郭沫若书信集》，收入标为“1933 年”郭沫若写给叶灵凤的一信，信中说：“××的冷箭也听他，不愿意和他争一日之短长。”两个叉叉符号是一个人名，是谁？“冷箭”，又具体指什么？

在一九三六年九月十六日印行的《论语》半月刊第九十六期上读到叶灵凤《献给鲁迅先生》，该文密集地述说了不少史实，值得重视。文中第三自然段写道：“三年以前，我曾编过一种《文艺画报》。既称画报，当然有相当的插图，创刊号出版后不久，我就在那时的《中华日报》副刊上发现一篇短文，批评这期《文艺画报》的插图，指摘在描写东北情形的文章内，插着日本人作的夸耀满洲战功的木刻，在穆时英的小说内，又用了马赛莱尔的插图，文章写得很刻薄。我当时很诧异，觉得这篇短文的作者倒也看过几本书，至少和我也有相同的嗜好，订购着日本出版的《版艺术》和《黑与白》。”

再往下读又一自然段，叶灵凤揭晓了上一自然段的哑谜：“这是三年以前的旧事，这回拜读《花边文学》，发现这篇短文赫然在内，才知道竟是鲁迅的大笔。我抚摩着三年前的这一只暗箭的创伤，正是‘冤有头，债有主’了！”

被叶灵凤“在那时的”《中华日报》副刊“发现”的“写得很刻薄”的“批评”《文艺画报》创刊号插图的“短文”，就是署名“白道”刊于一九三四年十月二十六日该报《动向》副刊上的《奇怪（三）》，此文收入鲁迅一九三六年六月由上海联华书局印行的杂文集《花边文学》中。如上所引，叶灵凤的《献给鲁迅先生》说他是“拜读《花边文学》”，发现这篇《奇怪（三）》“赫然在内”，“才知道竟是鲁迅的大笔”的。

郭沫若谈及“××的冷箭也听他”的那封信，末尾只写了“四月十九日”，“二十二年”即一九三三年的年份，是此信最初辑入一九三六年五月生活书店印行的《现代作家书简》时，由编者孔另境补入的，放在“四月十九日”后加了一个括号。《郭沫若书信集》转录此信时径直移作副标题，加括号为“1933 年 4 月 19 日”。但如果信中“××的冷箭”是指鲁迅署名“白道”的《奇怪（三）》，还是叶灵凤读了《花边文学》“才知道是鲁迅的大笔”，那么叶灵凤向郭沫若诉说此事的书信也只可能写在《花边文学》一九三六年六月出书之后。依时间推算，该是一九三七年四月十九日郭沫若才会回复这封信，嘱叶灵凤“也听他”即让鲁迅随便怎么说，因为我们“不愿意和他争一日之短长”。

郭沫若谈“××的冷箭”这信已初收一九三六年五月出版的《现代作家书简》中，上推该郭信写于一九三七年四月十九日可以排除。只剩下另一种可能，叶灵凤写《献给鲁迅先生》时是为了做文的行笔曲折，才把《奇怪（三）》的作者认定时间拉后到《花边文学》出书后，其实他一从一九三四年十月二十六日《中华日报》副刊《动向》读到“这篇短文”，立刻认定就是鲁迅用一个笔名放出射杀他的“暗箭”，也马上写信报告了创造社时代的师长辈领袖郭沫若，郭沫若读信后于一九三五年四月十九日写了这封回信。

这么论定，是因为鲁迅以“白道”为笔名写的《奇怪》和《奇怪（二）》两个月前的八月十七、十八日也发表在《中华日报》副刊《动向》上，鲁迅的文笔，对叶灵凤来讲，他太熟悉了，用不着等《奇怪（三）》结集编入《花边文学》时“才知道”。

洪子记林语堂讲演惹祸

年仅二十四岁的徐懋庸和三十五岁的曹聚仁联名主编的半月刊《芒种》一九三五年三月五日在上海开始出版，创刊号上两个主编各用真名发表了一篇文章，质问年已四十岁的林语堂，起因均是看了洪子“当场”听着“如实地记下来”的林语堂“去冬”在暨南大学的讲演“笔记”中谈及徐懋庸和曹聚仁的部分。

徐懋庸一文题曰《我也得带说几句》。包括引用林语堂三百字一信共有一千五六百字。徐文开篇就是：“林语堂在暨南大学讲演《做文与做人》时，也曾骂到我的”，“说他曾经提拔我，替我介绍文章，所以我后来对他的不敬实为不该”。徐懋庸的文章还驳斥林语堂讲演中提及徐曾向他“所谓借钱、请托谋事等等，完全是他的热昏之谈”，“至于提拔一层，倘说

《人间世》的发给各作家的约稿书统统含有提拔的作用的，那么我也不否认，而且在此叩谢林大人的鸿恩”。

从徐懋庸的文章中得知，徐懋庸看了洪子记录的林语堂讲演笔记并对比《论语》第五十七期该讲演发表稿，就去信“质问林语堂”，徐懋庸还把林氏“回信”全文抄录于文中。在林语堂回信中，林语堂并不正面追证洪子记录稿的真伪，只是声明“暨大演讲”与徐懋庸完全“无关”，表态“人家骂我，我皆不理，我做我的事，说我的话，此一服定心丸药也”。但徐懋庸不吃林语堂这一套，他“不听从”林语堂嘱咐，执意全文发表了林氏复信。

曹聚仁的文章题曰《我与林语堂先生往还的终始》，八千多字。最为“珍贵”的是，曹文开始不久摘录了洪子在林语堂讲演时一段当场的笔记：“现在一般小作家，没有人格、没有家教，整天骂名流，甚至连我和刘大杰都骂到，可恨！然而不要紧。骂我看袁中郎的人是一个姓……不说他底姓，是一个天天教中学生读古书的家伙，教过你们的，不说他底姓。还有，骂刘大杰避世的人，就是天天往跑狗场和回力球场窜的家伙……这些小子都是没有人格，一点不懂孔子底做人之道。一开口就骂，骂社会、骂名流，好像妓女一样下贱，连我和刘大杰都骂。这是激昂派，这些家伙都是激昂派。我希望你们青年万万不好做文人，那是顶下贱的妓女，要给嫖客们媚笑，不要给同行的评头论足，不好做。假如诸位青年们万一要做文人，也断断乎不可学那些激昂派，那是没有好处的。最好诸位青年们，先明了孔子底做人之道……孔子做人之道，诸位不好反对，有价值的。先学会做人，然后学作文。做人要正正经经，不好走入邪道。一走入邪道，整天骂人，人家有事情都一定不敢介绍你做，一定失业、一定要借钱、一定人家不借给你、一定你骂社会不良、一定你骂名流不帮忙你。没有谁睬你，你去骂到半天红好了。你便是激昂派，没有救了。所以，做人一定要正正经经，不要人家普罗你也普罗。然而，作文要幽默，和做人不同，要玩玩笑笑寻开心。作文不好认真，像花一样、像点心一样。是点心一样，是点心不是饭餐。记得作文是点心，做人是饭餐，作文是茶余饭后的事，不必认真。脑袋要紧，名誉要紧，玩笑玩笑，寻寻开心，无啥道理。结论一下，我反对激昂派，唯美派也不赞成，要为广义的人生艺术，像博古斋名著，像袁中郎。青年诸位，做人认真，作文要幽默。”

把上述林语堂讲演用了很多引号并且故意截断句子地抄完之后，曹聚仁就与《论语》该讲演发表件对照，说“林先生不必揩了屁股就瞒人说没撒过烂污”，还公布了自己与林语堂的往来书信多件，谈及这次讲演的信即为其一。林语堂在该信中说明“暨南演讲，主旨在说做人比做文要紧，矫正时下文人恶习，并非针对先生”，林信也承认在讲演中“弟对吾兄批评大杰事，实出吾意料之外，盖文中少露公正批评态度也。故在说文人相轻恶习气中，曾说到有人出一本书，便有他人出来指摘一句话，下意识中未尝不与此事有关。然亦行文中随时举出之一例，其余各话，决非指先生，千祈原谅”。

然而，和徐懋庸一样，曹聚仁照样公开抄录了林语堂叮嘱“勿发表”的他写给曹的私信，且跟林语堂讲演泛指的时弊逐一对座后要林语堂质证事实……专门找来林语堂自己整理发表的《做文与做人》讲演全稿，洪子提供给徐懋庸和曹聚仁的林氏讲演稿上录文句确也存在，但这笔账真算不清楚，因为林语堂没对洪子记录稿表态。再往后曹聚仁甚至在《我和林语堂吵了嘴》中说：标点《袁中郎全集》的刘大杰在暨南大学教国文，曹本人的《标点三不朽》发表后刘大杰的“学生们在教室中问他笑他，他就请林先生到暨大去讲演，题为《做人与做文》，大意是说：标点标错，并不重要，做人比做文重要得多。接下来，就把我和鲁迅、徐懋庸都骂了一顿”，让人觉得此账已由糊涂演变为滑稽了。

一九三五年丰子恺一天记事

长期研究丰子恺的陈星，二〇一七年一月在中国社会科学出版社推出了八十万字的《丰子恺年谱长编》，厚达近九百页，但因每页空白均占三分之一，实际上文字并不多。细读之后，感到其内容也显单薄，可充实之处夥矣。

比如，一九三九年一月二十六日项下为：“得宋云彬信，盼去桂林谈为第三厅作画事。”因为宋云彬的日记已经在其前印行过两种本子：一种书名为《红尘冷眼　一个文化名人笔下的中国三十年》，二〇〇二年三月由山西人民出版社出版；另一种书名就叫《宋云彬日记》，分三卷在中华书局于二〇一六年十月出版。宋云彬日记有四十多天写及丰子恺，都是史实细节的现场记录，正适合于丰子恺生平事迹的充实。

宋云彬一九三九年一月十日的日记中写道：“张季

苍来，嘱函丰子恺索画。”一周后的十七日宋云彬日记写有“致子恺、彬然函，交鲁彦发”，“彬然”是傅彬然、“鲁彦”即作家王鲁彦。宋云彬在“第三厅”是一个小领导，他写的公函之交邮等琐事由王鲁彦负责代劳。一九三九年一月二十九日宋云彬在日记上写道：“子恺将于下月赴宜山，任浙大教授。”翻过一月份，二月一日宋云彬日记就记录了丰子恺收上月二十六日信后回复的内容，为“子恺、彬然来函，子恺愿画军民合作公约”。

倘若《丰子恺年谱长编》把上录宋云彬日记中与丰子恺“为第三厅作画事”相关内容都有机融合后再写成记事谱文，就要比如今的干巴巴叙说更显得史实细节之丰富。当然，年代久远，史料细节不容易发现也是客观原因，但已有文献公开出版了，却不去地毯式搜索，是应该改进的。

仍是这部《丰子恺年谱长编》，在其一九三五年九月上旬的谱文中，完全读不到丰子恺的生平行踪，文抄公式的谱文也仅只有两天，即九月一日和九月五日。浏览华夏出版社一九八八年十一月印行的夏宗禹编《丰子恺遗作》，在第一百五十六页发现一幅署名“TK”的无题漫画，漫画左上角空白处是一则题赠跋语，生动地“现场记录”了丰子恺这一天的行踪事迹，补加标点符号全录如下。

与颂羔、慧如二君闲行，经孤女院有所感，归而写此小画赠颂羔兄。廿四年九月二日子恺于杭州。

细赏全幅“小画”，没找到题跋后署名下的画家钤印，证实确确是这一天丰子恺随手“写”了一幅“赠颂羔兄”的。“小画”左侧是门上悬有“孤女院”的大门口，一对夫妇牵着一个女孩目送另一个自己养不起的同龄女孩正走进孤女院……参照上录丰子恺的题赠跋语，丰子恺这一天的行踪已经昭然可录了。

一九三五年九月二日　在杭州邀请虔诚信仰基督教的友人谢颂羔夫妇来此，陪谢颂羔夫妇“闲行”，途经孤女院，见一对夫妇因贫穷将两个女儿中的一个送进孤女院的现实，归宅后“有所感”写一幅“小画”记实并“赠颂羔兄”。

现存已出版的《丰子恺书信》中有六封是写给“颂羔兄”即谢颂羔的信。从丰子恺一九三五年八月十七日写给谢颂羔的信中得知，丰子恺这时想在谢宅附近“买地建屋”，以便与谢颂羔“为邻”。这封信中有“秋凉来杭，弟甚欢迎，最好等弟看地之后，邀兄来杭复看。可以商量取舍”的话，可推知这回丰子恺和谢颂羔相聚于杭州，主要是商谈丰子恺自己“看地”及“买地建屋”与谢颂羔“为邻”的事情。至于丰子恺说的“买地造屋”与谢颂羔“为邻”的具体地方和详细后续情况，有待查证。

然而，丰子恺一九三五年九月二日画的这幅送给谢颂羔的“小画”上的题跋，为他的生平事迹落实了一天丰满的记事，可以确定下来了。

主编《海燕》的史青文

上海书店一九八三年三月依照原样影印的民国老期刊《海燕》，一共两期，版权页上方的《影印说明》很简短，为："《海燕》史青文主编。月刊。1936 年 1 月创刊。第二期由耳耶（聂绀弩）主编，后被国民党查禁，只出二期。"这里的"上海书店"，就是后来的"上海书店出版社"，当年只能从事影印民国年间老旧书报刊的出版工作。这一共两期的《海燕》合订本在上海书店影印出版时，版权登记上也是"史青文主编"。倘若刻意挑一挑《海燕》版权页上介绍主编文字的表述毛病，其中"史青文主编"与其上方的《影印说明》中"第二期由耳耶（聂绀弩）主编"就有冲突。照顾周全，按常情常理来登记，该是"史青文等主编"，至少人家"聂绀弩"这个真实存在的人就会以为自己在"等"中显示着。

分别同时列为“国家社会科学基金项目”、“教育部人文社科研究‘十五’规划项目”、“山东省社会科学规划研究文丛重点项目”、“山东省教育厅人文社科研究基金项目”和“青岛大学人文社科出版基金资助项目”共五大高校科研项目的巨卷十六开本近一百二十万字的《中国现代文学期刊史论》二〇〇五年十一月由新华出版社公开印行，该书在第三百八十页对《海燕》作了“史论”性质的登录：“月刊，1936 年 1 月 20 日创刊于上海，史青文编辑，胡风、黎烈文、聂绀弩、萧军等在鲁迅支持下创办，‘海燕文艺社’出版，发行人署曹聚仁，1936 年 2 月 20 日出至第 2 期停刊。第 2 期署耳耶编辑，发行人张仲名，共出 2 期。”

十七人组成专家团队、有上述五大高校科研项目强力资助集中攻克的有关两期薄薄的“文学期刊”《海燕》，其中“史青文”和“耳耶”的交替“编辑”是什么原因，等等，都没有提及。这叫“史论”吗？史者，将过往的真实细节再现；论者，把其中蕴含的内容有理有据地澄清。——很显然，上述“刘增人等纂著”的《中国现代文学期刊史论》在仅出两期的“文学期刊”《海燕》的“史论”研究方面，交了白卷。

很凑巧地，于“艺狐在线”的网络拍卖空间发现一封聂绀弩的书信手迹图片，还带有实寄信封，正是聂绀弩收到上海书店寄赠影印样本《海燕》并附信“求教”后，他写给“上海书店出版部”的回信，全信抄录如下。

上海书店出版部：

《海燕》复印本收到，谢谢。

承询史青文是否健在，奉答：

1. 他根本没健在过，也未不健而在过，因为世上并无此人。

2. 他还在，但不很健了。地址和我的相同，因为他就是我。

匆复，一笑。祝事业发展！

聂绀弩　六月十三日

写这封书信时，聂绀弩已是八十岁的高龄老人，他顽童式地“奉答”明明白白告诉世人：不仅主编第二期即终刊号《海燕》的耳耶就是他，主编《海燕》创刊号即第一期的“史青文”也是他；不仅“耳耶”如众所周知地“就是我”，“史青文”也仍然“就是我”。

读了聂绀弩这封八十老翁来信后，我们再去读鲁迅谈及《海燕》的不少文字，还有各路“专家”和“学者”的研究只有两册不算厚的《海燕》期刊的考察文字，真觉得一件简单的史实，即《海燕》由聂绀弩一个人负责主要编辑任务竟可以弄成那么复杂到没有内容的空泛述说。叹叹……

这封应该写于一九八三年六月十三日的聂绀弩书信，没有收入二〇〇四年二月武汉出版社印行的十卷本《聂绀弩全集》第九卷序跋和书信那一卷，是集外佚信。

赴欧前冰心夫妇抵沪时间

二十世纪三十年代，北平的燕京大学有个规定，在这所学校任职的教师，连续完成七年的教学任务后，可享受一年的带薪休假。冰心一九二六年七月从美国威尔斯利大学研究院毕业后，于该年九月始任职于燕京大学国文系，从讲师做起，一直在教学一线岗位上，到一九三六年暑假，早超出了七年。恰巧这时冰心的丈夫吴文藻又获得洛克菲勒基金会的科研基金，要出国赴欧考察一年，计划游学美国、英国、法国和德国等国家，并受司徒雷登校长委托代表燕京大学参加美国哈佛大学三百周年校庆活动。冰心夫妇决定：两人同去欧美一游。

时间还充裕，暑假后冰心夫妇先从北平到南京，参观了冰心的二弟谢为杰供职的永利化学公司，再从南京坐火车到上海。而后，从上海乘海轮前往日本，再从日本到美国出席哈佛大学三百年校庆活动。冰心夫妇到上海时，查巴金的行踪得知他在上海，到火车站去迎接，正在情理之中。查已由海峡文艺出版社一九九九年九月公开出版的一卷本《冰心年谱》，出自跟随晚年冰心好多年的文字秘书卓如女士之手，在冰心夫妇赴欧美前抵上海的事迹登录上，都是模糊的一九三六年“夏”！依照农历俗习，夏至到立秋之间为“夏”，这一年的立秋是公历八月八日。只查卓如的《冰心年谱》，实在“猜测”不出冰心夫妇抵沪的具体日期。

其实，就在卓如女士《冰心年谱》冰心夫妇赴欧美前抵沪的模糊登载这几自然段中，引用的赵景深《三十年代的冰心》便能得到准确的“现场记录”。

按图索骥，卓如《冰心年谱》说冰心“从南京到上海”时“巴金、靳以、赵景深到车站迎接”，还用括注写出了赵景深《三十年代的冰心》发表于一九八一年第三期《百花洲》，并不难找。赵景深《三十年代的冰心》最有价值的部分，是他在文中完整引用的他当年的“现场记录”，如前所述。

原来，这一次到上海火车北站迎接冰心夫妇的，并非只有卓如说的“巴金、靳以、赵景深”三个人，还有一个很重要，是出版了冰心不少著作的北新书局老板李小峰这位出版家的夫人“蔡漱六”女士。简直弄不明白，这位也是“女士”的卓如，何以要隐去李小峰夫人“蔡漱六”？你不写也可，至少在三人名单后加一个“等”字，因为史实无法更改。

赵景深全文引录于《三十年代的冰心》中的“以前的回忆录”，就是他一九四六年四月在北新书局印行的《文人印象》中的《冰心》一文仅仅千余字，但干净、生动得全是史实细节，如文章开始写他与蔡漱六、巴金、靳以到火车站迎接冰心夫妇的“这一天是民国廿五年八月二十日”，以及接到客人后客人要入住新亚大酒店等细部情况，都是可供后学者实证著述不得不仔细研究并加以利用的。

有了赵景深的“现场记录”，不仅冰心年谱可以据实重新充实，而且巴金这一天的行踪也同样得到充实。

去查阅巴金年谱类著述，无论一二十万字还是一百多万字的专著，都无这一天的记载。现在，就可以补入：“一九三六年八月二十日，巴金与靳以到上海火车北站迎接自北平来沪‘稍住几日，就要到欧洲去游览’的冰心和吴文藻夫妇。在火车站接到冰心夫妇后，经冰心介绍，与同来迎接冰心的赵景深和李小峰的夫人蔡漱六握手相晤。”

然而，这个事关冰心和巴金之行踪的史实载录，还有接力探求的空间，因为赵景深的当年记述只写了年月日，没有写是上午、下午还是晚间，年谱类实证著作要求越具体越佳，套用中山先生的名言：“尚未成功，仍须努力。”

施蛰存声援沈从文

施蛰存第一本散文集《灯下集》一九三七年一月由开明书店印行，收作品二十六题。五十七年之后的一九九四年八月该书由开明出版社重印时，施蛰存在写于这年五月的重印本《后记》中说:“原书有一篇关于‘书籍禁止’的牢骚文章，已完全丧失了时间性，便随手删汰了。”被施蛰存“随手删汰了”的文章题为《书籍禁止与思想左倾》，有三千五百字，自然是一篇用心之作，而且是声援沈从文的并非“完全丧失了时间性”，而且文献价值颇巨。

正在天津《国闻周报》上连载《边城》的沈从文，对政府当局颁布的第一次禁书令有看法，他便在这年即一九三四年的三月五日印行的第十一卷第九期《国闻周报》发表了《禁书问题》一文。很快，上海二十一日和二十四日出版的半官方三日刊《社会新闻》第六卷第二十七和二十八期发表社论《驳沈从文的〈禁书问题〉》。沈从文的意思是，政府当局颁令突然禁止二百种文艺书籍发行，会影响到各出版家，况且被禁书中不少是经政府有关部门“准于发行在案”的；即便真有“左”倾书籍，这样严禁“不免把左翼作家的能力看得太大了一点”。但《社会新闻》所刊社论却以为“社会秩序混乱”及“农村经济破产”正是“由于左翼作家甘心为赤色国际作工具所产生的效果”，所以，“政府采取‘急则治标’的办法，努力的禁止这些‘有国际背景，带宣传性的书’”。

施蛰存声援沈从文，他反复表态说“沈从文先生所发表的意思也正与我上文所述并无多大的歧异”、“沈从文先生正如我一样地引焚书坑儒为喻，原意也不过希望政府方面要以史实为殷鉴，出之审慎”，而且直指“《社会新闻》的那位作者”。

具体的声援，如“说到‘迫害作家’”的问题，施蛰存认为“沈从文先生的意义是很明白的，他不希望政府把一个在上海租界中‘偏持着幼稚的叫喊’的左翼作家估价得太高了，而施以过分的迫虐”。施蛰存亮明自己的态度：“在事实上，这是不必要的；在人道主义上，这是不应当的。”而且，对于《社会新闻》社论中所言“别说禁三十人的书，来保全一国青年健全思想，是合理不过的事，就是杀三十个捣乱分子来维持一个地方和一时的秩序，也不是没有理由的”的“狂悍”的话语，施蛰存冷静稳重地回击：“话固然不错，可是这里就先有了几个问题，禁了这三十人的书，能担保一国青年的思想不再左倾吗？这三十个是不是捣乱分子呢？杀了他们之后，地方秩序会维持得住吗？只要他们是捣乱分子，也就有理由了，然而倘若实在不是呢？”

具体到沈从文个人的品性，施蛰存的声援照样是真诚而有力的。文末一段，施蛰存写道：“像沈从文先生那样的作家，不必从别处去估量或研究他的思想，他的立场，就使在他这篇短文中，就明明白白地表示了他所应该可以处的地位和身份。他并非不了解政府的禁止左倾书籍之不得已，然而他还希望政府能有比这更妥当，更有效果的办法；他不称许左翼文艺作品的存在及其价值，然而他同情被过分迫害了的弱者……”

该文结尾，面对《社会新闻》社论说沈从文是“站在反革命的立场”的无理指控，施蛰存反驳这是用了“歪曲的逻辑来罗织沈从文先生的罪状”，并嗤之以鼻地表示了“鄙弃，憎厌，和愤怒”。

写作《书籍禁止与思想左倾》的施蛰存才二十九岁，被他声援的沈从文也才三十二岁。两个人都还是入文学这个门不太久的“后学”，不存在抱团成伙，也不是仗势倚豪，仅仅都是出于一种无法克制的义愤和良心。

有一点要订正，沈从文《禁书问题》并非施蛰存所言是一篇“短文”，而是四千字的长文。

郭沫若自日『抵沪』当晚住哪儿？

近二百三十七万字、皇皇五大卷的十六开硬精装本《郭沫若年谱长编》二〇一七年十月由中国社会科学出版社印行，该书是北京郭沫若纪念馆立项为中国社会科学院A类重大课题，经十多二十个一流郭沫若专家用十多年“磨”出来的“剑”，结题时被评为“优秀”等级。然而，稍加细读，该书除成段地抄录近几十年现成的他人成果还一律不注明具体出处外，实际的学术贡献还存有再接力的广阔空间。本来，靠史料硬性细节来支撑的人物“年谱”类著述，的确很难在短时期内哪怕是“十多年”，由个人或者特定团体突击性质地使之尽善尽美矣，仅举一例。

这部《郭沫若年谱长编》在一九三七年七月二十八日项下载录：“搬入沧州饭店居住。”按很普通的常识，这里的“搬入”前应有从何处搬入的交代。往前倒上去查阅上一天即二十七日的谱文，相关内容为："下午，抵沪。"这个记载是说得清楚的，"抵沪"是指郭沫若该年七月二十五日凌晨离开日本的家，即众所周知的郭沫若自咏为"又当投笔请缨时，别妇抛雏断藕丝"之大义勇为行动，往东京站先乘火车当日下午到达神户，在神户由金祖同陪护登上加拿大公司的"日本皇后号"轮船，水路行至上海登岸时便是这天下午。

作为读者，我们看到这里忍不住要问：郭沫若一九三七年七月二十七日下午在上海码头登岸后，当天晚上他住在哪里？

很意外地，我见到了浙江平湖顾国华自印的内部交流本《文坛杂忆信札选》，二〇一七年八月间成书，其后再分别寄赠全国相关书友。该书虽然是内部读物，但是好就好在有一半是"信札"的手迹原件影印，足可信任。其中有一封施蛰存写于二〇〇一年六月十日的书信，自然是写给三十年间自费手写石印了三十卷而后又公开出版了六卷的《文坛杂忆》编者顾国华的，其中写及郭沫若上述"抵沪"："1937 年郭沫若自日本回国，是我和郁达夫、陶亢德一起雇汽车到轮船码头上去接他的，他当时住在张凤举家中……"

再回头去查阅《郭沫若年谱长编》，在这天"下午，抵沪"后，下面的谱文中真就有"张凤举、施蛰存、陶亢德"在迎接人群的名单载录，"长编"在这里也是抄别人的，不过这一次注明了史料来源，是摘抄自言行社一九四五年九月印行的殷尘《郭沫若归国秘记》等处，全段谱文引语为：

专程从福建赶来的郁达夫，以及得知消息的李初梨、张凤举、施蛰存、陶亢德、姚潜修先后来到孔德图书馆。随后，同往喜来饭店。“大家热烈的谈论鼎堂回国后的种种问题”。沈尹默建议继续研究学术，郁达夫劝往福建。

引语中的“鼎堂”就是郭沫若，郭沫若字鼎堂。

五卷本《郭沫若年谱长编》修订再版时或许这则小文中引录的施蛰存书信，又会被“长编”主编和作者们直接来一句是他们看到了施蛰存书信而得知当天晚上郭沫若临时住在张凤举家中的。

不过，也无所谓，本来“学问乃公器也”。

丁玲在延安接待卞之琳等人

中国作家协会党组扩大会议第十五次会议是一九五七年八月九日召开的，这次会议的主题仍是“保卫党、保卫社会主义文学！粉碎丁玲、陈企霞反党集团”。该次会议组织安排了“入党不过一年多”的冯至、吴组缃和卞之琳三个人作了联名发言，题为《坚决向丁、陈反党集团斗争》，有三千三四百字，公开发表于一九五七年九月一日出版的该年第二十一期《文艺报》第四至第五版下半版。除去首尾合共三千字的空泛上纲上线指斥和批判性质的论说，文章中间还可以找得出“干货”。和署名相反，依次是卞之琳、吴组缃和冯至各自分别对丁玲的具体“揭发”，都属于事实方面的“史料”，这里只说卞之琳的“揭发”。

可以断定是卞之琳个人对丁玲的“揭发”内容全文为：“远在 1938 年，卞之琳和另外两位同志从四川到了延安。当天（8 月 31 日）晚上在西北旅社见到丁玲，大家谈笑的时候，他注意到丁玲轻描淡写地说了这句话：‘其实，在外边碰碰钉子也好。’这里的‘外边’指的是蒋管区，言外的意思显然是不必一定到延安来。”

卞之琳对丁玲的“揭发”并没有太大的恶意，最多只是暗示丁玲不怎么热烈欢迎他“和另外两位同志”到延安。当年二十七八岁的卞之琳可能记有日记，否则他不会准确到年月日和具体下榻旅社都说得定定的。也的确可以用史实来复按，和卞之琳同时“从四川到了延安的两位同志”就是沙汀和何其芳。但随行的沙汀夫人黄玉颀何以没进入卞之琳的名单，待考。卞之琳与何其芳、沙汀夫妇是一九三八年八月十四日从成都乘汽车出发，沿川陕公路北行，二十四日到宝鸡。二十五日坐陇海路快车到西安，二十八日乘八路军办事处的汽车离开西安，三十一日抵达延安，下榻西北旅社。

这次随沙汀夫妇与何其芳同来延安，是卞之琳利用他任教的四川大学暑期和四个月的军训时间跑出来的。到了延安以后，卞之琳不像沙汀夫妇与何其芳那样马上参加工作，而是临时住在延安城内柯仲平主事的文化协会。不久，卞之琳参加“文协”组织的前方文化工作团访问晋东南太行山区，随着陈赓下面的七七二团辗转了半年，还写了一本小书。

卞之琳对丁玲私下说话的“揭发”，真还成了珍贵的史料。查已发表和出版的何其芳、沙汀和卞之琳的生平事迹类的年表、年谱著述，都没有这一天的记载。

较为丰富的两卷本《丁玲年谱长编》，在这一天也只写着：“晚，在西北旅舍见到刚刚从四川来到延安的卞之琳等同志。”有了卞之琳一九五七年的这次具体的“揭发”史料，该天丁玲事迹除了可以准确注明出处外，还可以更具体地记载：“晚，在延安西北旅社接待刚刚从四川来到延安的卞之琳、何其芳与沙汀夫妇。谈笑时，丁玲对他们说：‘其实，在外边碰碰钉子也好。’”据冯至、吴组缃和卞之琳联名发表在一九五七年九月一日出版的该年第二十一期《文艺报》上的《坚决向丁、陈反党集团斗争》中的“揭发”，丁玲的意思是说：在蒋管区即“外边”也一样可以锻炼，不一定要到延安来。

许地山记载的鲁迅纪念会

由人民文学出版社二〇〇九年十二月印行的三百六十多万字的巨卷《鲁迅大辞典》，在“鲁迅纪念活动系年”这个单元的一九三八年十月二十二日载曰：“香港文化界四百余人集会，纪念鲁迅逝世二周年。阳翰笙代表主席团主席蔡元培致开会词。茅盾、许地山等讲话。大会还致电许广平表示慰问。会后有文艺演出。”引文中的“开会词”，不知是否为“致词”的同义词。这“四百余人集会”，照引文所说的，不仅人数多、规格也高，“会后”还安排了“文艺演出”。然而，许地山有一短文题曰《关于鲁迅先生纪念会底“不守时刻”》，载一九三八年十月二十八日香港《大公报》，文中对这次“四百余人集会”作了现场记录。

原来许地山是茅盾用电话敦促他，嘱他二十二日开会那天要“早去”。会议开始估计是下午两点，但许地山自述“二十二那天得三点以后才能离开学校，因为雁冰先生用电话教我早去，我只得早点把学生遣散了”。但不巧得很，许地山说他“下到皇后道赶公共车几乎摔一交（我那天穿胶底鞋格外滑），才于三点左右赶到”。许地山“三点左右”才到，其他“四百余人”中迟到者就无法得知其“内幕”了。这是开会时间上的大失误。

会议参加的人呢？许地山在短文中写着“我要惊异香港还有许多文化团体都没有参加”——就是讲，该来的没来！那么，来的是些什么人呢，许地山文中说“我很惊异在主席团里底人员当中，或者有人还不知道鲁迅是何许人。听那天几位‘本港文化人’底演说便理会得出来”，——不该来的人，又来了不少，且成了“主席团”成员坐在主席台上，还要“演说”……

至于“会堂底布置”，许地山文中只说在“孔圣堂”，但文末写道“会堂底布置，也许是经济问题，可不必评”——很清楚了，在许地山眼中，在香港举办的这次鲁迅逝世两周年纪念会的会堂简陋至极，与鲁迅的文化地位和来宾“四百余人”的规模极不相称。

许地山的文章提醒后世的相关学者，不要臆想历史上发生的一些与大名人相关的事件必然是庄严的、成功的，像《鲁迅大辞典》对这次鲁迅逝世两周年纪念会的登录，其实就是没有依据的文字，甚至在茅盾的生平事迹类著述中也查不到翔实具体的记载。在一九九六年六月山西高校联合出版社印行的大型两卷本《茅盾年谱》，只有根据卢玮銮《茅盾一九三八年至一九四二年间在香港的活动》转手的模糊记载，说茅盾一九三八年十月间，“香港在孔圣堂举行鲁迅逝世两周年纪念大会，茅盾负责报告鲁迅生平事迹”。

细读了许地山的短文《关于鲁迅先生纪念会底“不守时刻”》，不仅可以准确落实茅盾出席在香港举行的这次鲁迅逝世两周年纪念大会的时间，而且还有生动的具体细节，即“下午两点到孔圣堂出席鲁迅逝世两周年纪念会并报告鲁迅生平事迹，会前‘用电话’敦促许地山务必‘早去’”。这样一来，在一九三八年十月二十二日这一天茅盾生平活动的登录方面，就不会仅仅是发表了什么文章的呆板抄书的机械转述，而是让茅盾年谱增加了一天活动的具体史实细节，进一步有温度、有弹性地丰满了茅盾的生平事迹。

『吉力是谁？』

上海交通大学出版社二〇一六年一月一次性地推出了福州房向东六巨卷鲁迅研究文集，其中一本《被诬蔑被损害的鲁迅》，副题为“鲁迅去世后对他的种种非议”。该卷有《不合理的人类社会？——吉力说要“废弃”鲁迅的许多杂感》一文在引述和反驳了吉力的《杂感家的见解》后，房向东在文末说：“鲁迅活着，吉力是谁？谁该被‘废弃’呢？”房文的意思是，“鲁迅”一直为人们纪念着、阅读着，但当年妄言“废弃”鲁迅许多杂感的“吉力”却不为人所知。

义愤归义愤，先不去说房引“吉力”之文再加以评论的是非，但“吉力是谁？”这个具体问题却是可以弄明白的。

被房向东引述和反驳的吉力《杂感家的见解》一文，最初发表于一九三九年二月八日上海《鲁迅风》

周刊第五期。稍早的该年一月二十五日这位“吉力”还在《鲁迅风》第三期上发表《关于文字狱》一文,凑巧在上海辞书出版社二〇〇八年十二月印行的金性尧著《星屋杂忆》第一百五十六页发现一封该“吉力”以本名写给当年《鲁迅风》编者即金性尧的书信手迹,正是谈说《关于文字狱》一文写作投稿事宜的,有力佐证了“吉力是谁?”这个具体问题。该封书信全文,抄录如下。

性尧兄:

《准风月谈》校就,俟有便奉上,彼来天冷怕跑故也。《鲁迅风》二期写了一篇《关于文字狱》,不知可用否?改削一秉编者之命,不必客气。近来文债逼拢,难予摆脱,故所作往往急就,且天寒亦有关系,马虎处伏乞谅之。季琳半月不见,至为念念,此君近忙得可以,难找其人,常觉怏怏也。不赘。候太太安。叩

好。

弟 黎庵 顿首

金性尧就是当年《鲁迅风》头十七期的编者,写这封信的“黎庵”就是周黎庵。虽然周黎庵的书信没有写作时间,但他是为“《鲁迅风》二期”赶写了《关于文字狱》一文,该封书信写于《鲁迅风》周刊第一期和第二期出版的一九三九年一月十一日至十八日之间是可以定下来的。因为周黎庵的《关于文字

狱》稿到金性尧手中，第二期《鲁迅风》已付印，只好编排在第三期。据此，周黎庵的书信应该写于一九三九年一月十五日前后。“吉力”这个笔名，也能推测出源于“周黎庵”本名的头两个字，即撷取“周”中间的“吉”再加上“黎”的同音字“力”而成。周黎庵出生于一九一六年六月二十三日，此时他还不满二十三岁。

从周黎庵的书信中，得知《鲁迅风》编者金性尧正参与鲁迅著作编印的组织工作，书信头一句“《准风月谈》校就”即指该书稿校样已校对完毕。不知房向东读到此封书信作何感想，一个二十岁出头的青年默默无闻地为鲁迅著作承担了编校工作，而且是在“天冷”、“天寒”时呵冻完成的，你能说这位“吉力”就存心诋毁鲁迅的“杂感”吗，而且还说他早就被人遗忘……

本名周黎庵的“吉力”二〇〇三年八月三十一日在上海去世，他写作时使用的笔名除“吉力”外，还有周劭、黎庵、劭、西华、公西华、吉立、笠堪、易伽、原宪、郑适我等。一九五〇年后以“周劭”为常用名和传世笔名，出版了不少著述，多半是读史随笔。

巴金集外文《轰炸后》

巴金一九三九年春出版的《旅途通讯》，仅看题目书中就有《广州在轰炸中》、《轰炸中》和《在轰炸中过的日子》写“敌机”的“轰炸”。细读内文后，可以发现好多篇都有写及“敌机”轰炸的情景，通篇写“轰炸”的还有《在广州》、《广州在包围中》、《桂林的受难》和《桂林在微雨中》。但是，在《旅途通讯》及稍后出版的《无题》等集子乃至一九九四年二月人民文学出版社印行的二十六卷本《巴金全集》之外，至少还有一篇也是整篇都写“敌机”来“轰炸”题为《轰炸后》的散文，没有编入巴金的作品集，要算集外文。

这篇《轰炸后》发表于一九三九年八月五日桂林出版的“战时半月刊”《中学生》第七期，目录上标为“随笔”，全文足足两千字，不可忽视的一篇文章。

细细品读巴金的《轰炸后》，可得知“战时”该期《中学生》在版面上未能完整体现的巴金文章的清晰布局。开头两自然段交代本文写每次“听见飞机的摩托声”都“不由得想起了一些可怕的情景”，其中有两个“不断地折磨着我”，都是“一年或半年前的事”，都是“敌机”在“轰炸后”的“平民的血”。接下来，用空行和头两自然段隔开，先描述“去年的事”即“在广州，六月六日上午”发生的第一个“血的景象”：“轰炸后”的一处“长满青黄的空地上”，一个“满是血迹，肚腹炸破了，肠子露在外面”的“人的身体”正“微微颤动着”，“眼珠转得极慢”地“苦痛地看着”巴金一行……很快这还没完全死去的人就被人当作尸体搬走了。这第一个“可怕的情景”写完，再空一行，描述“在这年的十二月初，在桂林第二次被狂炸以后”巴金所见到的又一个“血的景象”：“一个修理汽车的工人，警报发出后，他没有走开，仍旧做他的工作。于是敌机进入市区投弹了。这一带起了大火，他也就被烧死在这里。后来尸体被人搬开，一层皮黏在地上和尸体分离揭不走了。”第三次空行，最后两个自然段写对见到的“轰炸后”两个“可怕的情景”的感受：要让“无辜者的血”来“激起更多的憎恨，唤起更多的复仇的呼号”，最终“使侵略者闷死在血泊里”。

查阅巴金一九三九年十月在文化生活出版社印行的《黑土》集，上述《轰炸后》前一个“可怕的情景”就是由四节短文构成的《在广州》的第一节，节题为“六月六日”，文字差异不大。至于第二个“可怕的情景”，是否也以同样的方式存在于巴金某一文中或单独发表过，有待考察。这也说明，巴金的文本，不光小说有多种异文，连散文随笔也是值得细加研究的。

巴金这篇两千字的《轰炸后》，“战时半月刊”《中学生》发表件的文后没有写作时间。好在已公开出版的宋云彬日记，有这期杂志编印细节的现场记录，再参照《轰炸后》有关硬性线索，可助大体落实《轰炸后》的写作时间。

一九三九年七月的宋云彬日记，有四天写及刊载巴金《轰炸后》的这期《中学生》。二十一日：“《中学生》因集稿太迟，本期不能如期出版。”二十三日：“为《中学生》写文章，题为《谈气节》，未竟。”二十四日：“续为《中学生》撰文，仍未完稿。”二十五日：“续为《中学生》撰文，已完稿，仅近三千言耳。”刊载巴金《轰炸后》的《中学生》，该年八月五日在桂林出版。自上月二十一日到本月的五日，都不能定出巴金《轰炸后》的写作时间来。

好在巴金《轰炸后》说他写的两个“可怕的情景”发生在“一年或半年前”，第一个情景发生在“六月六日”、第二个发生在“十二月初”，自然都是去年即一九三八年的事。因此《轰炸后》写于一九三九年七月初前后，应该是巴金从桂林去香港取去年广州沦陷前存放在香港友人处的衣箱后到上海的这一时段，写完后将手稿寄往或托熟人带到桂林交给《中学生》该期编者宋云彬的。

这一期《中学生》出版时，编印该杂志的桂林开明书店遭到了轰炸，估计巴金本人就没有见到样刊，所以未能将《轰炸后》编入集子中。

艾芜致王西彦的短简

艾芜二十世纪四十年代头两三年写的书信，在十九卷本《艾芜全集》第十五卷“书信”卷中一封也没有。利用快捷的数据库检索在网络上觅寻，或采用笨办法去图书馆非常仔细地查阅老旧的书刊报，在一九四〇年六月二十五日福建永安出版的《现代文艺》第一卷第三期第一百一十一页左下角，就可以发现一封加了细线方框的艾芜“五月十五日”仅仅隐去了受信人姓名的内容完整的书信，题为一个栏目的名称《作家短简》，照录如下。

××兄：

来信收到。叫我写文章，得暇即当赶好送上，因我近来忙着写点较长的东西。

先前住在桂林城郊，因离城近，警报时必须躲避，往往花费时间。现在搬远了些，可以不躲，更可以多作东西。贵刊努力抗战文艺，自当多多效力。祝好！

弟 艾芜 五月十五日

受信人“××”，是可以查出来的。一九四〇年四月二十五日创刊、一九四二年十二月二十五日终刊总共出版了三十三期的《现代文艺》，一九四一年年底之前的刊物主要编者都是王西彦，其后是章靳以担任刊物的主编。受信人“××兄”，可据此史实恢复为“西彦兄”。

艾芜信中对王西彦允诺的“赶好送上”的“文章”也很快交到王西彦手头，就是短篇小说《意外》，发表于《现代文艺》下一期。后来艾芜还有“文章”给王西彦邮寄“送上”，也都公开发表了。但是这封短信没有写信的年份，发表在一九四〇年，是否就一定也写在这一年，还得有硬性的史实证据支撑。

短简中的“我近来忙着写点较长的东西”，是一个重要的史实证据，在艾芜《〈故乡〉校后题记》第四自然段中他写道：“我是一九四〇年四月，在警报很多的桂林开始写《故乡》的。”在上海的自强出版社一九四七年四月印行的《故乡》卷末，也有“一九四〇年四月开始作于桂林施家园”的记载。艾芜的《故乡》是一部五六十万字的“较长的东西”即长篇小说，正好与这封“短简”所述吻合。

在“短简”中还有“现在搬远了些”，也是一件硬性的史实证据，足以再次佐证这封艾芜书信的写作年份。艾芜从湖南宁远岳母处举家迁往桂林后，最初是林林帮忙，住在桂林太平路十二号《救亡日报》的宿舍楼，与夫人王蕾嘉的老乡和大学同学周立波住对门。这个时间，大概是一九三七年十二月下旬开始的。住了不久，艾芜嫌桂林城内不安静，不利于读书写作，就搬家到了漓江东岸的龙隐岩施家园，这里有不少文化团体宿舍和文化人落居，如一些剧团、如画家刘建庵和赖少其就都住在这里。但不久，桂林被再次轰炸时施家园也落了炸弹，艾芜觉得还是要再找一个住处。

艾芜有一篇写实文章《乡行一日》写了他一九三九年“端午节前一天”即六月二十日到乡下找房子的遭遇，读起来很让人感到文化人在战时的读写真难。这年的春节过后，艾芜终于在离桂林城五里外的观音山山脚下，找到了美国人路易·艾黎为办工业合作社而修建的一排简易竹房，艾芜搬来住进了十号房。住了两三个月，发觉“门前窗外”全是“迁去棺材的乱葬坟痕迹”，便又搬离十号房，住进二十六号房。这也是《现代文艺》发表的艾芜另一封书信的内容，就在一九四〇年七月二十三日出版的该刊第二卷第一期。

如此，上述“短简”写于一九四〇年，可以确立了。

赵家璧致黎烈文一信

福建的战时省都永安二十世纪四十年代有一个改进出版社，社长是出版家黎烈文，该社除了印行《改进》等综合杂志，还有纯文学月刊《现代文艺》，该杂志头二十一期均由黎烈文和王西彦编。虽然在出足一整年的总第十二期即第二卷第六期《编后记》中，编者表示“作家们的书简，全系私人通信，有的不便发表，有的发表了也无大意义”，所以从总第七期即第二卷第一期起“就取消了”《作家书简》这个栏目。然而《现代文艺》月刊在其后还是发表了一些“作家书简”，如一九四一年十月二十五日出版的总第十九期即第四卷第一期第二十一页发表的《上海出版界近讯》就是赵家璧写给黎烈文的“私人通信”。但赵家璧这封书信谈的都是文化上的事，而且旁及郑振铎、唐弢等名家和《万象》销售实况等史实现场记录，值得重视。

赵家璧这封书信有四百多字，抬头为“××兄”。从信末所述“前天碰到振铎、唐弢等，他们都很希望你能到上海来”以及“你说寄我《改进》”等史实细节，可以判定“××兄”就是指黎烈文。因为《改进》的主编就是黎烈文，而郑振铎、唐弢、黎烈文和赵家璧都是鲁迅定居上海十年共事编辑出版那个时段的同行友人，受信人“××兄”不可能是《现代文艺》另一编者王西彦。

书信正文头一句“好像有半年多不通信了，昨天接读你八月十二日寄出的信，知道你很想晓得这里出版界的近况”，对于弄中国现代文人生平年谱的学者，可密集地列出极为可信的多种硬性史实细节，如“一九四一年八月十二日黎烈文致信赵家璧打听上海出版界的近况”、“一九四一年年初黎烈文致信赵家璧”、“一九四一年八月下旬赵家璧收到黎烈文从福建战时省都永安寄来的询问上海出版界近况的书信”，等等。赵家璧、黎烈文当年都是出版界的实力编辑家，一定会有扎实的学人来细细地研究他们的。

书信接下来先说“上海出版事业早已入半死状态”的详况，如“新书印一千本，只能在本埠销二百，香港南洋销三百而已，其馀都得送进栈房去”，此处“栈房”即存书的库房。这是讲纯文化的书，在赵家璧看来等同“魔鬼”的“礼拜六派小说”却“还能畅销”，所举例证就是《万象》月刊一创刊就“畅销一万五千册”，他认为是“礼拜六的复活”。紧接着是谈翻译书的出版和销售，还建议受信人“你假如肯抽暇译些名著，我们倒极愿出版”。这个内容再一次硬硬地锁定了赵家璧这封书信的受信人就是黎烈文，该封书信发表件的左侧就是黎烈文译著《第三帝国的兵士》，原作者是匈牙利的霍尔发斯，当然也是改进出版社的出版物。

赵家璧在这封书信最后的通报，是：“前天碰到振铎唐弢等，他们都很希望你能到上海来。”自然是鲁迅去世前在上海生活的十年中，郑振铎、唐弢和黎烈文等几个文化同行友人，都住在上海，共同从事着文学工作包括写作、研究和出版等，在如今“出版事业早已入半死状态”的沦陷区上海，赵家璧、郑振铎和唐弢们多么希望黎烈文能返回上海，形成合力一同振兴上海进步的文化出版事业啊……郑振铎和唐弢都没有留下那一时段的日记，这封赵家璧的书信这么一句平常的交代，就给郑振铎和唐弢的生平事迹增加了一天可靠的记录。

这封四百字的残信没有收入赵家璧的任何一本公开出版的文集。其实这类密集地现场书写文化史实的当年文献，比他“文革”后写的那些真假难辨的所谓“回忆录”之类的长短文章要有价值得多。

被《臧克家文集》丢弃的《拍》

农历戊辰端午的前夜，即一九二八年六月二十一日晚间，二十三岁的臧克家虽是新婚燕尔却躺在病床上，突然听得有好心人来报信，说是国民党县党部要抓捕他。为了活命，臧克家只好告别新婚才二十七天的“爱侣”，立即从“四尺墙头跳走了人”，逃出故乡，经青岛到东北开始了一年多的流亡生活，直到次年秋天躲过了风头才返回家乡。这就是诗人在他的长诗《自己的写照》初版中咏唱的“端阳的前夜，新婚的爱侣还没脱去红装”就遭通缉，因为此前臧克家曾“为了播革命的种子”，“换一个姓名，换一身衣服”地“深入民间”过。

长诗《自己的写照》中的“新婚的爱侣”，不是比臧克家年轻十五岁的浙江黄岩人郑曼，郑曼是一九四二年八月才在重庆与臧克家结婚的。一九二八年春与臧克家“新婚”的，是著名作家王统照的本家侄女王慧兰。与其族叔王统照一样，王慧兰是山东诸城相州镇上的人。臧克家在《王统照先生的诗》第二自然段说过他“第一次见到王统照先生是在一九二四年四月”，那么臧克家与王慧兰的婚事多半有王统照的牵连，但没有找到臧克家和王统照的相关述说。

千行长诗《自己的写照》用臧克家《自序》中说的“可以作为一个管子而去窥天大的三个不同的时代”即清末到民初、五四到北伐、大革命失败到日寇入侵这三个中国近现代史上的重要阶段，但我在阅读时却感觉诗人用他的家族三代人的具体史况细节来分别呼应和参与三个时代。写及诗人“自己”更是细化到时间的月日了。如长诗第七节中“永久忘不了这个日子，端阳的前夜，新婚的爱侣还没有脱去红装”，就是说臧克家逃避政府抓捕时还在度“蜜月”呢。在千行“大诗”中，随时可读到“小我”的细节，作品第一节中间有四行写道：“和别人一样，我也曾玩过爱情的火，几乎把颗心叫它烧烂，冒着死，在音乐声中送我爱的人到人家的床前！”这是在王慧兰之前的一次揪心的恋爱的惨败。

文章开始不久提及的郑曼，是与臧克家共同生活到老到死的第二任妻子。之前的王慧兰与臧克家“夫妻过十年”，二人养育了两个儿子即臧乐源和臧乐安，一九三八年三月两人感情破裂，登报声明离婚，一九六二年王慧兰病逝。看不出臧克家与王慧兰是长辈“包办婚姻”，因为二人在抗战初期同在徐州从事过抗日救亡宣传工作，说明王慧兰与此时的夫君臧克家是有共同语言的。在一九四三年十一月由成都中西书局印行的臧克家诗集《国旗飘在雅雀尖》中，读到一首颇为真情抒写的《拍》，七十行连写，没有分节，一口气诵读下来，觉得臧克家真不愧为大诗人，写时代的千行“大诗”《自己的写照》让人能兴味十足地不忍释卷，同时写个人隐秘情感瞬间的“小诗”也如此读来颇耐咀嚼。

只读收在《国旗飘在雅雀尖》内的《拍》，稍不小心会误以为是泛写，但如果能有幸读到收在重庆现代出版社一九四四年十二月印行的臧克家自编的《十年诗选》作为压卷之作的《拍》后之《跋》，你会恍然一笑，这首诗原来是实写诗人自己的一次大尴尬的“人生小插曲”。该《跋》全文为：“于重庆道上，突遇夫妻过十年之王女士，悲痛往事，本已忘怀，一见之下，触动此心！我已在爱情海中，两次灭顶，伊已另有伴侣相追随矣，感而作《拍》。”

七十行的《拍》应该属于叙事诗，写“我”路遇“王女士”与其“伴侣”在重庆街上“身子紧贴着身子，两个人像长在一起”地边走边说话，“我”本想躲开，但忍不住还是大步追上他们“用一只不是我的手，轻轻的，从背后，拍了一下她的肩头”，“我”见回头看“我”的“王女士”是“脸上带着病”，她只“平淡得像水”一样问“我”一声“你到那里去?”，“也没有一句话问起我们的两个孩子”！事后，“我”后悔：“痛苦已经睡死了，为什么要把它拍醒！”

顶尖级别的伟大诗人，无论古今中外，都有敢于抒写个人隐秘世界的名篇传世，但我们读由山东文艺出版社一九八五年二月印行的六卷本《臧克家文集》，在本该编入《拍》的第一卷“一九四二年”那一辑七十首诗中，就找不到《拍》。《拍》写于一九四二年一月，再过七个月臧克家就要与郑曼步入婚姻殿堂了。六卷本《臧克家文集》不收入《拍》，是不是与郑曼有关呢，待考。

叶圣陶书宋拟『小对子』

桂林一九四四年四月出刊的第一卷第四期《当代文艺》发表的《作家生活自述》中，有宋云彬前一年的十一月二十八日的“自述”：“去年曾请叶圣陶先生写一副小对子，句子是‘岂能尽如人意，但求无愧我心’。圣陶先生加上几句跋，说：‘云彬兄以二语命书之，是碰壁者之言也。既惟尽心，壁于我何有焉’。”

宋云彬说的“去年”，自然就是一九四二年，但没有具体的月份和日子，连春夏秋冬的大致时间范围提示也没有。做好了查阅两种宋云彬这一整年日记的心理准备，找来二〇〇二年三月山西人民出版社印行的一大本《红尘冷眼》和二〇〇六年十月中华书局印行的三卷本《宋云彬日记》。不巧！两种宋氏日记都缺一九四二年这一年的……好在叶圣陶也有记日记的习惯，在一九九四年九月由江苏教育出版社陆续出齐的二十五卷本《叶圣陶集》中，有五卷就全是日记。还算幸运，《叶圣陶集》第二十卷有作者一九四二年后八个月的日记。

细细查阅爬梳之后，得知叶圣陶这年五月二十日自成都出发，六月四日上午九点抵桂林，在当天的日记中，叶圣陶现场录载：午休后“醒时云彬来。云彬风度依然，不减当年”，“四时随云彬至其寓。寓中熟人聚居，有雁冰、仲华、联棠诸家，共占两楼两底，颇为热闹，雁冰夫妇亦仍如前”，“傍晚在云彬处小饮。其夫人特为余煮面，颇可感，酒罢与诸友在楼席乘凉闲谈”；七月十日叶圣陶“至文供社，与彬然，云彬为别”；七月十三日返成都。

以上的爬梳概略中的“仲华”即金仲华、“联棠”即《中学生战时月刊》发行人陆联棠、“雁冰”即茅盾。然而很觉失望，因为叶圣陶跟宋云彬面晤时未见写及“宋拟叶书”那副“小对子”的事儿。查到一九四二年九月二十七日叶圣陶的日记，有给宋云彬写信“慰其牢骚”的记载，但仍不见写“小对子”的事。原来，叶圣陶给宋云彬写其自拟“二语”的“小对子”的事儿，发生在这年年尾的十二月十五日。

叶圣陶在一九四二年十二月十五日的日记中写道：“午后无聊，为云彬书一联，曰：‘岂能尽如人意，但求无愧我心。’渠所嘱也。云彬不能隐藏，酒后往往出言得罪于人，颇受无谓之怨恨，故以此自警。余为跋之云：‘此碰壁者之言也，既惟尽心，壁于我何有焉。’”

写好“小对子”的次日，叶圣陶在日记中写道：“致云彬书，将昨所书对联寄与。”看这一天日记的行文，写给宋云彬的书信并“将昨所书对联寄与”，都是上午干的事儿，足见叶圣陶很认真地对待这件老朋友托付的“文事”。从叶圣陶日记中得知，他离开桂林后仍返回成都。

宋云彬与叶圣陶都是开明书店同人，他们都算得上是身负中国传统文化重任的践行者。叶圣陶太了解宋云彬了，读宋云彬日记，我们也能得出与叶圣陶为宋云彬所拟“小对子”的“跋”同样的结论来，所以叶圣陶宽慰老友宋云彬：“既惟尽心，璧于我何有焉。”意思就是说：只要坚守自我本愿“尽心”干好每一件分内的事，别人说三道四乃至设置的障碍完全可以忽略不计。

艾芜《手》中的『张花实』

从事文学创作尤其是写小说的中国现代名家和大家中，艾芜特别喜爱大量运用方言土语来写人物对话。这些含有方言土语的人物对话，由于书籍杂志和出版社的相关编校人员囿于见闻，在不理解其准确意义时认为是作者的笔误，擅自予以“订正”，导致后来的文本难以读通。我是在湖北襄阳出生并在那里生活和工作了三十年后才移居四川定居成都的，加上三十多年的成都生活，使得我对于艾芜作品中的方言土语尤其敏感，“张花实”就是其中一例。

这例方言土语出自艾芜一万三千字的短篇小说《手》，该作品写于一九四三年五月一日，当时艾芜在桂林。小说写一个近三十岁的单身汉农民杨冬生一时犯糊涂摸了一下“我”的年轻漂亮的“五婶”的手，于是受到世俗舆论的谴责乃至纯属人格侮辱的惩罚。

作品以一个少年男孩第一人称的口吻叙说故事，故事中“我”的祖母总是认为杨冬生摸一下“五婶”的手不算什么大不了的丑事，在二〇一四年六月由四川文艺出版社等印行的十九卷本《艾芜全集》第十一卷所收该小说的文本中，祖母两次谈及杨冬生都使用了“不张花失实”的评价。

祖母头一回谈及：“人真难得说啰！杨冬生，我们是从小看大的，还说他不张花失实嘛！”《艾芜全集》还给“张花失实”下了一个注：“就是打胡乱说，行为荒唐。”

往后不远，祖母再一回谈及：“杨冬生从小看大，就不张花失实！”

在文本学层面上，凡转手排印的作品在未经与权威文本逐字逐标点仔细核实前都不具有可信性，即不具有常说的版本或文本价值。权威文本，若找不到同一作品的作家手稿，就得找它最初发表时的文本。艾芜《手》最初刊载于一九四三年一月《新文学》第一卷第一期，上引的祖母头一回谈及杨冬生的文本，“张花失实”为“张花实”。祖母讲的这句话后，有一个文中补加的带括号的注释，是对“不张花实”的解说：“不打胡乱说，不行为荒唐。”上引《艾芜全集》中祖母再一回谈及杨冬生的话中的“张花失实”，《新文学》所刊《手》的文本为“张花石实”。揣摩一下就知道，“石”字为“手民之误”或者作者的原稿笔误，应为“张花实”。

做了一下民间调研，“张花实”这个词一直在川西地区流行，意思就是不矜持、轻浮放浪。分析艾芜用的这三个字也可佐证“张花实”的含意，就是无论开花结果都要大事张扬。有的方言工具书，把“张花实”写成“张花什”，但这与艾芜无关。方言土语是语言化石，“张花实”在川西地区一直被使用，含义大体是一贯的。有了艾芜的“不张花实”的书典，可以定“张花实”这个词为动词。从《手》中对杨冬生的描写，他还真是一个踏实干活没有过劣迹的纯朴农民。正如“我”父亲分析的，杨冬生快三十岁了还未婚配，他单独与正喂猪的“五婶”独处时有摸手的冲动可以理解。

艾芜《手》最初收入一九四五年五月重庆《童年的故事》中，与《新文学》初刊本一样，第二处“张花实”误为“张花石实”。到了一九五三年十一月人民文学出版社印行的《艾芜短篇小说集》中，本该两处都是“张花实”的被“统一”误为“张花失实”。但到了一九五九年二月由人民文学出版社印行的《艾芜选集》所收《手》的文本中，却变成第一处误为“张花失实”、第二处又是正确的“张花实”。再到一九八四年六月由四川人民出版社印行的《艾芜文集》第二卷所收《手》文本中，两处本该“张花实”的均误为前后一致的“张花失实”。

更为让人不安的，是一九九一年五月上海文艺出版社印行了一部硬精装的《中国俗成语》，收编了错误的“张花失实”，释文为：“流传于四川。光显示花的美丽，而不结果。喻胡说乱说，行为荒唐不可靠。”

要果断地澄清这个词源就是来自艾芜的短篇小说《手》，解释也只能移用艾芜在作品中补加的括注，即“张花实”的意思是“打胡乱说、行为荒唐”。

十卷本《艾芜文集》和十九卷本《艾芜全集》都在艾芜家乡成都的出版社印行，把至今尚在流行的川西方言“张花实”误为“张花失实”，是说不过去的。

洪深五十寿辰座谈会

一般情况，人们大多只知道赵景深喜爱及时撰写他闻见过的作家言行，实际上他的胞妹赵慧深不仅是著名青年女演员，且和其兄一样也参与过不少文学活动，如《洪深先生五十寿辰座谈会记录》就由与会的赵慧深担任首席“记录”，另一位记录者为罗庚。包括两位记录者在内，参加这个洪深五十寿辰座谈会的人共三十八位，其中不必介绍就众所周知者有洪深、应云卫、史东山、郑君里、阳翰笙、金山、宋之的、郭沫若、老舍、茅盾、凌鹤、冯乃超、潘公展、吴祖光、张瑞芳、于伶、陈白尘、舒湮等。

然而，查阅了几个参加了该座谈会的作家的年谱，写及者均有史实上的偏离或遗漏。如郭沫若，至今最大篇幅的年谱也只写当日“下午”，座谈会记录明明载示是下午两点至六点；座谈会结束后，又“以聚餐的形式，公宴洪氏夫妇”的史实也被忽略了。茅盾的年谱，只据“《阳翰笙日记》”登录了“午后，出席洪深先生五十寿辰座谈会，并在会上发言”。虽为“祝寿”，但茅盾的“发言”却含着一听便知的劝诫意味：“刚才各位先生已经说过，洪先生是多方面的人才，因此好像不能集中，比如他的作品，洪先生写的人物也很多，典型的人物也很多，不过总看不出能够代表洪先生的人物出来，这大概是不能集中的关系。”稍前的发言，洪深自述某些对自己的戏上演评说的不公正，茅盾也不客气地插了一句：“戏也有关系。”意思是洪深的剧本写得有问题，根据剧本排练的演员才会出问题。茅盾不是空洞议论，他读洪深的所有剧本，而且读得很认真，座谈开始，他就指出《洪深译作目录》遗漏了用英文写的独幕剧《牛郎织女》。老舍年谱的作者也没有读完这篇记录，因为该记录末尾，阳翰笙代替主席老舍主持座谈会，首先就交代了老舍“有事先走了”，只好由他来最后作总结。史实细节的呈现，才可显示史实的真切。

由赵慧深和罗庚担任“记录”的这个史料，应该是用速记符号两人同时工作，再合拢两份“记录”文稿而成，因为我们读到的记录稿上每个人的发言全是原生态的语言，语调颇感亲切。研究中国现代文学史的硕士生或博士生在学校求学阶段如果能多多细读这类会议记录，会对史实真貌产生强烈而具体的深刻印象，不至于写起论文来一下笔就只有大量的空泛议论或僵死的概念堆砌。

这次座谈由陈白尘筹备、“请老舍主席”（这儿的“主席”是担任主持人之意思）。看得出，当年老舍极有威望，他一“起立”就“众鼓掌”，证实了众望所归，而且座谈还没有结束，又被人请走去办更要紧的事情。整个“座谈会”的进程，全是随意轻松的“座谈”，连茅盾那类一针见血的指责也显得颇为自然。也有变着花样儿的恭维，如著名演员金山说的“洪先生的缺点也要说说，就是洪先生近年来因为忙着教书，在重庆没有给我们充分看见洪先生导演的机会”，这哪里是“缺点”嘛！

夏衍的发言，透露了洪深夫人是“年青的太太”也即老夫少妻，并说“洪先生对于他的年青的太太是很关心的”，言外之意只可由人去猜了。

座谈会记录有十六开版面五整页另加半页，由于编辑的马虎，末半页的“本文下接四十一页”被误为“本文下接第五十五页”，导致找起来费点时间；找到“下接”页，又误“本文上接十五页”为“本文上接二十九页”。——都是排印过程太匆忙了造成的。

这个“座谈会记录”全文发表的第一卷第三期《戏剧月报》一九四三年三月在重庆出版，草纸印刷，是珍贵的“抗战文学”刊物。该杂志共出版了五期，出版过程也艰辛，如本来是月刊，最后一期即第五期就在第四期出版一整年后才问世。

戏剧节史况

叶圣陶一九四八年二月二日写给巴金的书信中有“市立剧专将于本月戏剧节举行戏剧资料展览会”，这儿说的“戏剧节”出现在叶圣陶笔下，自然至少是中国现代文学史中的戏剧部分一个不容忽视的“名词术语”吧。但，去查阅湖南人民出版社二〇〇六年九月印行的巨卷《中国文学编年史》“现代卷”，八十五万的篇幅中在对应的时段却无一个字提及“戏剧节”！该书列入“国家社会科学基金项目”和“武汉大学人文社会科学重大攻关项目”，参与“撰稿”的人也都是专职教授和学者啊！其他应该属于权威的专业工具书如一九九〇年十二月上海辞书出版社印行的一百二十多万字的《中国现代文学词典》和一九九八年八月高等教育出版社印行的《中国现代文学大辞典》等，也都没有“戏剧节”这个词条。

其实，当时“戏剧节”这个“名词术语”即便不能说家喻户晓，至少也是文学界中人不时被提及的一个平常词汇，如一九四四年十一月商务印书馆出版的田禽《中国戏剧史》卷末就是“三十三年戏剧节于吐气庐”，即此书是田禽一九四四年戏剧节这一天在他的书房“吐气庐”中写完的。该书还有《第六届戏剧节感言》专章，该章开篇就是“秋高气爽，一年一度的戏剧节转瞬即届。在抗战期中我们已度过了五次戏剧佳节，……”此章末尾有写作时间“三十二年十月三日”，就是说“戏剧节”到一九四三年已举办了六届。

被胡绍轩在一九九一年十二月重庆出版社印行的其专著《现代文坛风云录》中誉为“戏剧统计工程师”的石曼，写过《第一届戏剧节记盛》，初刊一九八一年底由四川省社会科学院文学研究所和重庆地区中国抗战文艺研究会合编的“内部刊物”《抗战文艺研究》第一期，该文最末一段追忆“第一届戏剧节的联合大公演”在一九三八年十月于重庆成功举办后，“从一九三九年到一九四一年，又度过了第二、三、四届戏剧节，其中 1939、1941 年的戏剧节都有较多的剧目演出”，但“一九四二年国民党政府的行政院批复社会部的指令说，戏剧节‘未便与国庆纪念合并举行’”，于是“戏剧节”被撤销了，一九四四年“国民政府才规定二月十五日为戏剧节”。

以上抄录的毕竟都是转手叙说，也就是我们常说的“二手材料”。一九四三年四月在重庆编印的专业学术刊物《戏剧月报》第一卷第四期的卷首见到用大号楷体字发表的“本报特讯”《关于戏剧节》，二百七十字的“特讯”，竟然有两种文本，后一半修改后重印了一个字条，覆盖粘贴后因年代久远自行脱落，好在这一片自行脱落的字条仍然夹在刊物中，无意中都成为了珍贵史料，特照录供赏。

关于戏剧节

本报特讯

由中华全国戏剧节抗敌协会成立大会议决的，每年十月十日举行的戏剧节，自从去年遵奉社会部转奉行政院指令：“未便与国庆节合并举行”而撤销后，即已无形中断。后来有关当局也曾建议改为二月二日。“剧协”因改选在即，未及考虑。本年春季“剧协”新任理监事选出后，曾于第一次联席会议中首先讨论此事，经全体议决改为每年十一月十一日举行。惟此项决定尚未正式呈报主管机关备案，故今年的戏剧节（应为第六届）依然在“新旧不接”的状态中。我们一方面迫切地希望“剧协”理事会从速办理此事，一方面特将此消息告诉全国各地的戏剧工作者，共同督促“复活”的戏剧节之早日成为定案。

这是“特讯”第一个文本的全部，原刊最后四行即变粗了字句有修改，也照录如下。

管机关备案，而最近社会教育两部，忽又明令发表二

月十五日为戏剧节，以致这个已经“复活”了的节日，又复动荡起来。我们于无所适从之中，只有一方面迫切地希望“剧协”理事会从速解决此事，一方面特将此消息告诉全国各地的戏剧工作者，共同督促这个“复活”的戏剧节之早日在为定案。

重庆印行的这份刊物《戏剧月报》是草纸本，我见的这一本已经被虫蛀损坏了一些，但还不缺字。估计该刊物发行量不大，导致相关研究者无法接触。《关于戏剧节》这篇“特讯”前后两稿共四百字呈示的讯息足以把“戏剧节”弄清楚了。开头引述的叶圣陶致巴金短信中的“市立剧专”是熊佛西长校的上海市戏剧专科学校，这封书信证实了至少一九四八年二月十五日在上海还在继续举办“戏剧节”进行戏剧活动。

丰子恺与茅盾一次会聚

陈星撰著的八十万字《丰子恺年谱长编》在一九四五年六月一日项下载曰："参加开明书店设计会，与叶圣陶、巴金、茅盾等会面。"谱文对于"茅盾"加了一个底注："茅盾（1896—1981），原名沈德鸿，字雁冰，浙江桐乡人，文学家。"这部厚达近九百页的陈星"撰著"《丰子恺年谱长编》二〇一七年一月在中国社会科学出版社印行，陈星本人也是长期研究丰子恺的专家，二〇〇二年九月曾经在西泠印社出过十万字的"编著"《丰子恺年谱》。在《丰子恺年谱长编》中，一九四五年六月一日的记事与十五年前的《丰子恺年谱》完全一样，不仅叙事未能进一步核校充实，补加的注文也纯属多余。

倒是青岛出版社二〇〇五年九月印行的盛兴军五十万字《丰子恺年谱》稍感规范些，给出了史料出处，为：“6 月 1 日　参加开明书店设计会，与叶圣陶、巴金、茅盾等会面。丰子恺在写给夏宗禹的信中说：‘我前日入城，为了开明书店开设计会。叶绍钧由成都来到会，巴金、茅盾也到。外客就我们四个，其他都是本店人。开会，无非是商量些“生意经”，我很不感兴趣，乘此机会同叶君见见面而已。’该信收入《丰子恺文集·文学卷》。”

被丰子恺提及的出席“开明书店设计会”三个名家，没有找见茅盾和巴金的日记，只从叶圣陶的日记上发现了对应的录载，但不是一九四五年六月一日，而是一九四五年五月三十一日，照录：“傍晚叙餐，因今夕开我店之设计委员会，子恺、雁冰、巴金皆为委员。餐后开会，讨论今后出书及明年廿周年之办法。十时散。”

读了叶圣陶的日记，回头看盛兴军所写的谱文中“丰子恺在写给夏宗禹的信中说”一句中，“在写给”前应补入“1945 年 6 月 3 日”，这才让读者知道“6 月 1 日”的来历。就在这封六月一日写给夏宗禹的书信中，还得知“叶绍钧由成都来到会”，丰子恺自己是从重庆乡下的沙坪坝“入城”的。丰子恺还在信中叙“前天”就《我的良友》组稿之事“我问茅盾，他说他写了一个已死的好友”。茅盾问丰子恺写了谁。丰子恺如实地回答：“我笑世人很浅薄，大都为名利恭敬虚度一生。能看到人生真谛的，少有其人。我所崇拜的，是弘一法师的人。本来可以写弘一法师，但他是我老师，不便称为‘良友’，因此索性不写真人了。”丰子恺向茅盾透露自己“本想老老实实，写几个好朋友。左思右想，觉得又难以下笔，因为良友虽有，选择很难。况且人是多变的动物，没有盖棺，就难得定论”，于是丰子恺“想出一个调皮办法，写四个‘良友’：烟、酒、茶、留声机。虽然玩世不恭（有看不起人的嫌疑），但也别无办法”。听完丰子恺的自述，茅盾“羡慕我的办法好，说是‘取巧’”。

从丰子恺致夏宗禹信中得知了在一九四五年五月三十一日晚饭前至当夜十点散会期间，除了正式的“开明书店设计会”之外两人的交谈详情。而且从叶圣陶这一天的日记中有了该年“开明书店设计会”的议题：“今后出书”应该是往年“设计会”的例行话题，但一九四六年纪念开明书店二十周年就是一个新的话题。

从叶圣陶的日记中还得知，开明书店有这么一个“设计委员会”，已知的“委员”有丰子恺、茅盾和巴金。那么，这个“开明书店设计委员会”还有哪些成员、是什么时候成立的等问题，也值得关注。

叶圣陶的日记，写得严谨，是珍贵的文献史料，对照一下，就订正了丰子恺当时所写的书信中的月日之误。四个大作家同时出席的应该是一年一次的“开明书店设计委员会”，至少叶圣陶、茅盾、巴金和丰子恺各自的年谱要记载，但已经见到的茅盾和巴金的年谱就没有载录，丰子恺的载录又是月日全错了，把开会的时间推迟了一天。

鲁迅遗属在『狂欢之夜』

唐弢和柯灵编辑、“每逢星期六出版”的杂志《周报》，一九四五年九月八日印行的“创刊号”上发表了三则文章，是一组对抗日战争胜利结束的庆祝欢呼。三则文章为索非《第一枝烟》和师陀《八月十一日》，还有题目中所引鲁迅遗孀许广平所作的《狂欢之夜》。

署名“景宋”的许广平《狂欢之夜》，主要写了他们母子俩在沉闷中突然听得“一声尖而长的口啸，随着听不懂的话语，再后是欢呼和拍掌”——“空虚的夜幕”被“揭起”、“窒息的窗户”被“打开”，“敏感的英”告诉妈妈：“一定有什么重要事情发生。”于是，母子俩“再也睡不住了，探奇地走到弄堂”，发现“这里那里的俄罗斯人在高声急语，在欢呼，在无比的荣耀之下称心如意地哈哈大笑。笑，笑，笑；拍掌，笑；‘乌拉’‘乌拉’；又笑；又歌唱；又……”但许广平自己的心“开始紧张了”，她不嫉妒俄罗斯人，她只“惭愧”自己“没有做到笑的‘能’，因而也没有获取笑的‘力’”。读到这深刻的反省，鲁迅的身影浮现在了我们眼前。到了终于知道是“晚上六点钟签的字”，许广平爆发出“大约有些失常”的“喜乐”，把“英”也弄得惊讶了，文章写道：“‘怎么啦？妈妈，你……’英在掣我的衣袖。”

鲁迅和许广平唯一的儿子周海婴生于一九二九年九月二十七日，这时刚满十六岁，许广平大约希望儿子不再稚弱，把“婴”写成同音字“英”。许广平分析儿子：“没有经过深刻的痛苦，体验不出高度的欢乐，栽在浮土上浅浅的生长起来的英，自然难以了解这一种狂喜的心情的，我明白过来了。”紧接着下一段，就是许广平的“明白”：“整整八足年了，低眉忍苦的度着今日不知明日的生活，时常憧憬有那么一天的到来，大家一同欢笑，歌唱，见着人都去和他拉手，跳起来告语，多么美丽的一幕呀，在我的脑子里烂熟了。居然在今夜，亲眼看到了，我高兴，难道不可以吗？”这些话，是许广平说给儿子周海婴听的。然而……

然而，许广平毕竟是鲁迅的夫人，鲁迅的深刻思考习惯，不可能不影响她。许广平立即接着深刻思考：“然而还欠充分发挥，因为搬演这一幕的不是从我们自己。”这一句话中“搬演这一幕的不是从我们自己”，与许广平差不多前后同时说得更清楚的，至少还有同时代人老舍的讲演和叶圣陶日记所载的心语。

“然而”之后是“但是”，许广平用鲁迅惯常的句式写道：“但是我仍然高兴，因为这却不也和我们息息相关吗?”文章接下去一段是“狂欢之夜”的写实：“人，满街满巷多起来，潮水似的”，“只是笑声，鼓掌声，划破长空的口啸声做成一枝雄厚的长歌，突破到天空，攒入到铁壁”；“一阵阵的歌声由远而近，走入弄堂，透进住户”，而且是“由异国的嘴边唱出来的《三民主义……》歌。还夹杂着生硬的中国话‘胜利!’‘和平!’”……许广平这里写的是在上海的中外人民共同庆祝抗日胜利。

或许人们还认识不到鲁迅夫人也是做文高手，在该则文章末尾貌似写实实为升华般地结语：“这狂欢的一夜呀”就是“崇高，超脱，真挚，纯洁”，因为“没有彼我的界限，喜爱的眼泪迎着，手相握着，甚至有意的用肩来轻碰着，似乎是用来替代不相通的语言”。文末是：“我们活在这样的一个狂欢之夜。”

稍熟历史常识的人都知道，许广平写的是一九四五年八月十一日那个夜晚。那一夜，日本政府宣布接受七月二十六日的波茨坦宣言，但他们自己却声言是为了服从“天皇陛下”的圣旨：“切望促进世界和平……俾天下生灵，得免因战争之持续，而沦于浩劫”的。作为中国人，在十四年的被日寇侵略的岁月里，除了自己国家的坚韧抗战，也少不了世界友好力量的大力援助，终于迎来了战争结束的一天，鲁迅夫人的《狂欢之夜》是宝贵文献，真切地载录了上海那一夜或一街道发生的史实。

天下图书公司

边春光担任主编、由中国出版科学研究所组织专家编辑了一部一百四十多万字的《出版词典》，一九九二年十二月由上海辞书出版社印行。这部《出版词典》收录“近现代出版、印刷、发行机构”四百多家，但没有“天下图书公司”。这家创办于上海的“天下图书公司”应该不是“地下作坊”，因为它在一九四六年三月印行了一本题为《后方集》的短篇小说选集，收茅盾《委屈》、巴金《猪与鸡》、沙汀《巡官》、艾芜《医生》、贾植芳《人生赋》、周而复《春荒》、徐盈《汉苗之间》和骆宾基《冬天》，这八个作者当时都是声名颇大的名作家，《后方集》也是一个极具气魄的书名。一九九三年十二月由福建教育出版社印行的《中国现代文学总书目》在登录这本《后方集》时，没有注明编者；其实只要读完卷尾的《后记》，就可知道这本八人短篇小说合集《后方集》的编者就是当年三十三岁的葛一虹。

在这本《后方集》的千字《后记》中，葛一虹不仅交代了为什么要编《后方集》，其实也交代了他临时创办“天下图书公司”的全部“资本”，以及其他很关键的相关问题。

葛一虹说：“一九四五年九月杪，我从重庆回到上海；在启飞前一天，收到了一位蛰居在上海八年的友人的信，郑重地嘱咐我尽可能的多带些战时后方出版的书刊——‘精神粮食’，他说。于是，我只好把一只整理好的预备随身携带的皮箱打开，取出了些并不怎样急需的杂物，而把最高携重量十五公斤的大半，让给了一本本的书和杂志。”

到了上海后，这“十五公斤的大半”的“一本本的书和杂志”，虽是“用土纸印成的东西”导致“纸张稀薄，字迹模糊”，但却仍然“受到了热烈欢迎，不断有人前来借阅”，“一时之间好像变成人间罕见的珍物了，你争我夺的从这里到那里到处被传观着”。待转了一大圈“再回到”葛一虹手上的时候，“书本破烂的几乎不成样子了”，但却让葛一虹“十分感动”，因为他觉得：“不管法西斯侵略者怎样使用武力，占领了我们的大块土地，把我们分隔在两个区域里面，然而，在精神上，它还是不能征服我们的，沦陷区里的人民和后方的人民彼此原是怎样的关切着的啊！”

至于编一本类似《后方集》这样的多人作品合集

公开出版，是葛一虹“初回上海时候，就有人向我作建议，设法编印些后方作家的作品来供应沦陷区里的广大读者的急迫需要”。但那时葛一虹“觉得这件事情不太简单，也不很容易做好”，加之“又是非常忙碌，没有功夫容许我安静下来细心地工作”。于是，“事情也就搁下来了”。

促使葛一虹立即动手编八个名家的小说合集《后方集》，是一个青年读者向他借书“总是轮不到”以至于“气愤得几乎要哭出来，责备我不帮他忙，‘失信’于他”时，才终于从自重庆带回的书刊中“拣出了若干篇章，编成了这本集子”《后方集》。所“拣出”的八篇虽都是名家小说，但葛一虹仍声明仅仅是“凭我个人的爱好”所编，“而且我手边所有的材料”也“不齐备”，就是说他编的这本《后方集》在质量上算不上“大后方的短篇小说选集”。

葛一虹写《后记》是一九四五年十二月，他是这年“九月杪”即九月底回到上海的，仅仅两三个月就编好了书，再过三个月就出了书，时速还算快当。出版八人小说合集《后方集》的“天下图书公司”只在一九九三年二月学林出版社印行的朱联保编撰的《近现代上海出版社印象记》找到一句话的介绍：“1947年出版葛一虹编的《苏联木刻》，有郑振铎序。”在一九八二年三月由四川人民出版社印行的《中国文学家辞典》现代第二分册和一九八八年七月由中国对外翻译出版公司印行的《中国翻译家辞典》的“葛一虹”词条中均有一句葛一虹一九四五年回上海后“创办天下出版社”的介绍，有了图书实物，可以订正“天下出版社”为“天下图书公司”。然而，上海这家天下图书公司是否只印了创办人葛一虹本人编的这两本书呢，得调查一番后才可以定论。

此外，葛一虹说他带到上海的书刊“还有几位报纸和杂志的编辑借去抄了转载发表”，也是一个重要交代，如果这个时间段原载重庆书刊却在上海报刊重发的作品，或许就是这个原因，不能算成作者的“一稿多投”。

删去『发行人　吴文林』

手头存有两本不同版次的曹禺独幕剧剧本《正在想》，都列入“文学小丛刊”，都由上海的文化生活出版社印行，分别于一九四〇年十月“初版”和一九五〇年四月“七版”，正文八十二页，真正的“小”书。

细细对比这两本曹禺剧本不同版次的“小”书，在卷末版权页发现：“七版”把“初版”的“发行人　吴文林”改成了“发行者　文化生活出版社”。是从什么时候该书版权页开始产生这一修改现象呢？或者直白地讲，是第几版删去了“发行人　吴文林”的呢？

这个小得不能再小的小问题，如一定要弄个水落石出，就得不断的花上时间甚至精力、经费等找齐曹禺这本独幕剧剧本《正在想》的“二版”至“六版”五个各次不同的印本，逐版验视后方可有一个结论。

在这个问题上，凭空推论或者利用间接的材料来“研究考证”，都是毫无意义的。

在没有找见“二版”至“六版”的曹禺《正在想》之前，阅读一九五一年六月上海的平明出版社印行的罗淑译《何为》再版本，见到卷尾巴金的《再版题记》，其中透露出重大信息：巴金说他“昨天收到”了“文化生活出版社吴朗西先生私人印发的攻击我的小册子”。这篇三百字的《再版题记》，很容易被忽视，因为它没有编入全书统一的页序，放在没有编入页序也没有列入标题但显然为巴金手笔的类似“出版说明”另一段文字的背面，好在明明白白地署名“巴金”。两篇文字，都没有收入《巴金全集》，后者写于一九五〇年二月六日、前者即《再版题记》写于一九五一年六月十八日。这么工作了一下，巴金的文章又多出两篇、巴金的年谱类著作又多出三天记事，因为写作《何为》的《再版题记》前一天即一九五一年六月十七日，巴金自述他收到了“文化生活出版社吴朗西先生私人印发的攻击我的小册子”，是一天中实实在在的记事。

还算“风调雨顺”，向也研究巴金几十年的老朋友发微信求助，不出半个小时就从北京传送来了吴朗西“攻击”巴金的“小册子”，立即拿着手机去打印出来细赏，一共二十一页。最让我高兴的，是这“小册子”总第二十页有封巴金一九四六年四月二十九日写给吴金堤和杨挹清的书信，是“自渝邮沪”即从重庆寄到上海的：首先是高兴这封未收入《巴金全集》

的书信得以发现，其次是巴金在这封信中明确谈到了文化生活出版社所出的图书“发行人姓名”更改的事。

巴金果决地通知吴金堤和杨挹清，他写道：“自五月一日起，文生社已付印及未付印各书版权页上发行人姓名改为‘黎德瑞’。因从下月起朗西已不再是文生总经理，他也无权过问‘文生’事情……我正式通知朗西，要他马上辞职，否则我即以‘社务委员会’名义将他免职。我已经不承认他在‘文生’担负有任何名义与职务了。”

曹禺《正在想》一九四〇年十月“初版”版权页上的“发行人”，就是当年的出版界行话中的“老板”即如今的法人代表，“吴文林”就是创办文化生活出版社后特别邀请巴金自日本回国聘其为总编辑的吴朗西。

彼时究竟发生了什么矛盾，在巴金和吴朗西这两个合作十多年的伙伴中间？这不是我此刻关心的事情，我赶快去查《正在想》的版本登录成果，得知一九四八年六月印出“六版”，“五版”、“四版”等都查不到登录。看来，只能暂时先盲测一下：一九四六年下半年后由文化生活出版社印行的曹禺独幕剧剧本《正在想》，版权页上的“发行人　吴文林”已被删去。至于是不是曾经被改为“发行人　黎德瑞”了，也只能见到版本实物才敢确定。“黎德瑞”，是巴金曾经使用过的一个别名。

知白《回忆闻一多》考读

五四前后到一九四九年的中国现代书报刊包括大量专门的文学纸质印品上发表文章的笔名，至今还没有弄清楚这些笔名所属的具体作者的，究竟有多大的数量？不见有专人和机构进行统计后公布；如果来一次详尽精准的统计，应该是一个吓人的不小数目。发表文章的作者笔名搞不清是哪位具体作者的，这文章就类似找不到生父生母的弃儿。在崇尚宏大叙事和热衷空洞论说的伪学术时段和氛围中，这个看来就是小得不能再小的问题，却已经成了我们这个学科全面和深入研究的障碍。有的人撰文大口大气地说一句“研究和考证中国现代文学作家笔名的最佳时机已经过去了”就等于告诉人们：如今再做这件事情，是徒劳无功的辛苦。其实，在我看来完全不是那么回事。无论什么研究，只要有心力有毅力肯花功夫，注定可以或多或少地解决一些问题的。这篇知白《回忆闻一多》的考读文章，就是这种琐细劳作的尝试之一。希望有更多的同行来从事这种笨笨的努力，让数不胜数的中国现代文学作品和文章中的“弃儿”们尽早各自拥有自己的生父生母。

一、知白《回忆闻一多》的发现

写过专著《民国北派通俗小说论丛》的中国现当代文学研究者张元卿，二〇〇九年四月在上海远东出版社公开印行了一本《漫拂书尘》，其中有一篇短文《〈民国日报〉残页上的〈回忆闻一多〉》，仅仅七八百字，属于唐弢《晦庵书话》一类的学术小品文，虽然无法展开把相关的问题说透，但还是有坚实的内容，下面撮录该文关键的文句。

“我买到了一张《民国日报》残页”，是一九四六年九月三十日那天的，上半截是专刊白话文章的《民园》副刊。“发现上面的《回忆闻一多》值得一读”，“作者知白”。“知白的观点很明朗，闻一多不该‘把他的兴趣转向到政治方面’最后导致他‘被卷入时代的漩涡里而陨谢’。这种观点我在谈论闻一多的论著中时常看到，但话由后人说出，总觉得推论的成分大，及看到《回忆闻一多》这篇文章，才感到当时的言论便是如此。”

读到张元卿《漫拂书尘》中略说知白这篇《回忆闻一多》的学术小品后，我感到这篇待考的知白《回忆闻一多》大有来头，便致函早有联系的同行张元卿，开门见山地向他讨要他的这份残报上《民园》全部复印件。隔了一段时间，张元卿便把他手头的残报《民园》副刊复印了从天津寄到成都。

见到该期《民园》副刊全貌，才发现该副刊所属的报名叫《天津民国日报》，是这一天该报的第七版。占去了这一期《民园》副刊一半篇幅的知白《回忆闻一多》，有一千四五百字，原刊文字编校精良，没有发现失校的手民之误，照录如下。

回忆闻一多

知　白

诗人闻一多氏竟被卷入时代的漩涡里而陨谢了。我们于惋惜之余，愿意追忆一下他的光耀的既往。

新诗在我国，可以说始终没有成熟，然而却有许多文学者在不断的努力，想要扶起这荏弱的嫩芽。五四运动以后至民国十四五年间，这个新文学启蒙时期，稍稍植下一个初基。以后，有许多新进作家，采取了西洋方法，创造出一番新的风格，这第二期的领导者，便是徐志摩和闻一多——凑巧的，两位诗家竟先后惨死。徐志摩在民国二十年的坠机而亡，只成了我们回忆中的凄惨故事。而闻一多的死，却是血淋淋的正摆在眼前。

徐志摩发行《诗镌》

一九二六年四月，徐志摩利用晨报副刊的地位，每星期四发行《诗镌》，其中有许多闻一多的诗与诗论。他的诗论有时很警辟，他是力主作诗要有格律的，所以有《诗的格律》一文，其中略云："游戏的趣味，是要在一种规定的条律之内，出奇制胜。作诗的趣味也是一样的。假如诗可以不要格律，作诗岂不比下棋，打球，打麻将还容易些吗？难怪这年头儿的新诗比雨后的春笋还多些……这样看来，恐怕越有魄力的作家，越是要带着脚镣跳舞才跳得痛快，跳得好。只有不会跳舞的才怪脚镣碍事。只有不会作诗的，才感觉得格律的束缚。对于不会作诗的，格律是表现的障碍物。对于一个作家，格律便成了表现的利器。"又说："诗的所以能激发情感，完全在他的节奏，节奏便是格律。"

胡适之主张的"诗体解放"

这番议论，仿佛与胡适之先生在新诗初期所主张的"诗体解放论"有些违背，其实又不尽然。胡先生虽然在大倡"打破那些束缚精神的枷锁铐镣"，但是所指乃是唐宋以来的五七言律绝诗的格律。闻氏的主张只是反对"散文诗"，力谋视觉听觉方面的美。故在音节方面求匀称，在句法方面求整齐。也曾特别声明：这种格律与中国旧诗格律不同。以为旧诗格律固定，新诗格律则变化无穷。旧诗格律与内容无关，新诗格律则根据内容而生。旧诗格律是别人所定，新诗格律则由自己来定，各首诗间又不见尽同。这与胡适先生的主张，实在是相反而相成的。不过公然提出"自制脚镣"，实足过于胆大的创见，故不免为文学解放后的新诗界所诧怪。

晨报停刊之后，一九二八年三月，有以“新月派”标榜的《新月月刊》问世，闻氏便是其中的主编人之一。一九三一年春，他又和徐志摩共办《中国诗刊》，由新月书店出版。于是这个“新月派”的作家，更被人注意了。

闻一多的诗

闻一多的诗和徐志摩、朱湘、刘梦苇等人，在形式上都差不多少，他们大都受西洋文学的影响，极力摹拟，篇幅较长，修辞特别讲究，用韵十分严格，外形力求整齐。在技巧方面是太注意了。因此有人讥他们为雕琢炫耀，失却真朴自然之美，或更戏称之为“方块豆腐干诗派”。因为他们写出的行款呆板，每首外貌，差不多都长方形式。闻氏的诗集有《死水》、《红烛》、《屠龙集》等。朱湘曾著《评闻君一多的诗》一文，在民国十五年五月十日出版的《小说月报》十七卷五号上发表，对闻氏责备甚严。大致说他用韵不对，不妥，不顺。用字太文，太累，太晦，太怪。不过那是文艺批评家的过细的诛求，现在不多引了。

他是湖北蕲水县人

最后，我们再略记其为人：他是湖北蕲水县人，一八九八年生，今年四十八岁。清华大学毕业，毕业后留美，在芝加哥入艺术大学学艺术，后又转入纽约艺术学院攻习。所以与其说他是个诗人，无宁说他是个艺术家，当无怪乎他的诗之雕琢磨炼了。归国后曾任国立艺术专门学校教务长，国立中央大学国文系主任，武汉大学文学院院长，青岛大学中国文学系主任兼文学院院长。七七事变前，执教于清华大学。在一般朋友中，都称他为“老大哥”，缘故是老成憨厚。平常服装非常朴素，喜戴瓜皮小帽，着中服，裤脚用绸带扎缚，脚下是一双“老全盛”的“双脸皂鞋”。不认识他的，总以为是什么商店的大掌柜，又谁知他是个不修边幅的名诗人呢！

然而这是“七七”以前的闻一多，以后这位诗人竟渐渐把他的兴趣转向到政治方面，才有这样的不幸，想起来我们只有替他的文学造诣叹嗟了。

仔细阅读上述发表件，可以判定只有四个小标题不是知白的原文，是副刊编者为了醒目补加的，其他的文字都是“知白”的原本文字。

二、“知白”是朱自清的笔名之一

已经出版了的专门研究中国现代文学作家笔名的书，对于朱自清用于发表文章的笔名，至今才弄清楚了包括传世笔名“朱自清”在内的九个笔名，“知白”还不在其内。说“知白”是朱自清的笔名之一，是按他已经刊发的文章署名再参照他的日记中的相关记载而作为依据来判定的，仅举两例。

一九三三年五月二十二日《大公报》的《文学副刊》第二百八十一期发表了署名“知白”评论卞之琳诗集的《三秋草》，查朱自清日记，一九三三年五月十四日载“成《三秋草》一文”；无可置疑，《三秋草》出之于朱自清笔下，即便朱自清的日记不记这么一回事，读一遍署名“知白”的《三秋草》，也可以看得出来是朱自清的文笔。他评论卞之琳收在《新月诗选》中的《寒夜》“这一首是说家常话，一点不装腔作势”、他说当年“爱情诗实在多，太多，看《三秋草》这本书至少可以换换口味”、他说《三秋草》中的《一块破船片》“不哭不喊不唠叨，干脆”，他说《三秋草》中的《几个人》“每一行是一个境界，诗的境界，这就够了”，他评点《三秋草》中“《海愁》的怀乡，不但没有桥，连原来的岸也没有了；只是一个联想。这似乎与象征不一样，因为没有那朦胧的调子。只可惜第三节太华丽，要是像其余三节一般朴质就好了”……通读过朱自清《新诗杂话》和别的论诗文章的人，一眼就可辨出上录这些点评精到的文句是朱自清的风格，全是人话、全是平常的人话，又全是恰到好处的人话，不摆学术臭架子、不操学术滥腔调。但很奇怪，三卷本《卞之琳文集》竟然没有找到卞之琳回忆朱自清的文章，不晓得是他没有写还是编者偷懒没有去找。

写《三秋草》过后刚刚一个月，朱自清又写了两千多字的书评《春蚕》，评说“茅盾君第二个短篇小说集”，仍然署名“知白”，仍然刊载于《大公报》的《文学副刊》，为一九三三年七月三日第二百八十七期。查朱自清日记，他在一九三三年六月二十一日有“作文”、二十二日有“以《春蚕》评文送雨公”，当然就是关于《春蚕》这篇书评文字的写作和交稿吴宓代为转交的“现场记录”了。和上述《三秋草》的书评文字一样，这篇《春蚕》开篇不久对小说《林家铺子》的情节简述，就告示了这是具有“朱自清”特色的干净、质朴、爽口的好文字：“这篇里写南方乡镇上一家洋货店的故事。那林老板‘是个好人，一点嗜好都没有，做生意很巴结认真’，但‘一年一年亏空’，挣扎着，挣扎着，到底倒闭了铺子，自己逃走。”看看朱自清的“理性论述”文字是多么平常而又精到：“这其间写林老板的挣扎，一层层地展开，一层层地逼紧，极为交互错综；他试验了每一条可能的路，但末了只能走上他万分不愿意的那条路。”

以上两篇署名“知白”的朱自清的书评文章，都收入了一九九〇年十二月由江苏教育出版社印行的十二卷本《朱自清全集》第四卷了，这一卷是“散文编”，属于文章体裁的大分类，也说得过去。

朱自清还用“知白”发表过一些文章，如一九二二年一月二十日在第十四卷第一号《教育杂志》发表杂感《教育经费独立》、一九二二年四月一日在《妇女杂志》第八卷第四期发表杂感《离婚问题与将来的人生》、一九三三年九月四日在《大公报》的《文学副刊》第二百九十六期发表关于王统照诗集的评论文字《这时代》，等等。

朱自清有一个笔名是“知白”，当年他周围小圈子内的同事和同好都晓得，这一点在朱自清的日记中可以找到印证。一九三四年一月十四日的日记，朱自清写道："早公超论《文学副刊》之失败在趋时，如十几首诗即作一评——我并不知是谁做的——其说实与事实相反，所谓诗评，疑即指《三秋草》，殆当面骂我也。"第二个破折号后的文字是朱自清自己的看法，他觉得叶公超佯称《三秋草》"我并不知是谁做的"的说法"实与事实相反"，正因为知道，才当着朱自清的面专门大清早谈说这件事。朱自清还总结似的认为浦江清对叶公超的观察不错："与公超相对常得益，然其锋芒亦实实可畏，江清之言不误也。"看看，朱自清的《三秋草》发表都半年了，因为《大公报》之《文学副刊》的"失败"，同事叶公超还记着朱自清在上面发表过《三秋草》一文，评说一本只有"十几首诗"的卞之琳诗集《三秋草》。凭良心说，叶公超的看法的确太损，但也印证了"知白"这个朱自清的笔名是当年的同事或同好都清楚的。

署名姜建和吴为公合编的《朱自清年谱》前后印行了两个版本，即一九九六年五月安徽教育出版社的共有二十四万字的三十二开本和二〇一〇年十一月光明日报出版社的增订至三十五万字的十六开本。光明日报出版社印行的《朱自清年谱》一九四〇年三月一日记事文字后，编者补入了一个文内夹注，是有关"知白"这个笔名的说明，分为四项，用带下圆点的阿拉伯数字序列，有三项语及"知白"这一笔名，其一为"'知白'作为朱自清笔名，其使用时间最迟为一九三三年，此后未见使用"，其二为"朱自清在一九三三年以后不再使用笔名"，其三为"抗战年间另有署名‘知白’者连续发表有关日本问题的译文并有译著”。

长期从事中国现代文学实证研究即被热衷于宏大叙事的理论学者蔑称为“资料工作”的人都明白，在实证研究领域“说‘有’易，说‘无’难”。因为说“有”是你已经发现了史实材料存在，而说“无”却几乎是难于短时间完工的苦活路，——你得地毯式详尽逐一排查相关史料后才有资格才有胆量敢于说出“无”的判断来。这还是对别无他骛地一门心思弄某一学问的人而讲，大量的客串性质的玩票，不在此列。《朱自清年谱》以姜建等人有限之力，连《文艺报》和《新文学史料》上的相关硬性史实都未能全数入谱，更别说冷僻书报刊了，要他们穷尽与朱自清相关的所有史料而无一遗漏，当然只能是万难实现的苛求。

刚才的《文艺报》和《新文学史料》上的相关硬性史实都未能入《朱自清年谱》，具体指：一九八八年第三期《新文学史料》刊载的丛培香、胡玉萍《访老作家牧野》中有“一九四一年……八月九日请朱自清先生讲《文学与新闻》”的明确述说，而《朱自清年谱》一九四一年这一记事的时间却为“八月初”。仍是一九四一年，《朱自清年谱》在十月二十六日这一天的记事中，说朱自清致朱光潜一封信“未刊”，其实此信发表于一九八一年第一期《文艺报》，在第四十至第四十一页，有叶至善写的跋文，并附该书信末页手迹。

三、“知白”署名的《回忆闻一多》出自朱自清之手

一九四六年九月三十日《天津民国日报》第七版《民园》副刊发表的《回忆闻一多》的署名“知白”，是朱自清的笔名之一。但这篇《回忆闻一多》的文本内容，还得经过核实后，才可以确认它出自朱自清之手。“弃儿”的基因，与生父生母的其他孩子的基因是内在地紧密关系着的。下面随行文顺序，用朱自清写及闻一多的别的文章的同类述说，参照核实“知白”《回忆闻一多》一文，确为朱自清之作品。

这篇《回忆闻一多》开篇头一句：“诗人闻一多氏竟被卷入时代的漩涡里陨谢了。”此为朱自清对闻一多之惨死枪下的一贯看法，他从没有改变过这种认识。一九四六年《文艺复兴》第二卷第一期发表朱自清的悼闻一多先生的文章便是《中国学术的大损失》，他在替“中国学术”惋惜“损失”了一个既有“才气”又有“学力”的学者。“竟被卷入”，是朱自清在与闻一多十四年共事过程中自发现闻一多对党派对政治有兴趣后一直持有的态度，意思是闻一多不该如此！其实闻一多的本来意愿还真如朱自清希望的一样，他一九三二年六月被青岛大学学生自治会印发的《驱闻宣言》中说他是“不学无术的地痞”时就深下决心地给老朋友饶孟侃写信说：“我以数年来的经验劝告你，除努力学问外，第一件大事是努力撙钱。”这

类话，闻一多私下肯定对朱自清反复讲过，所以才有“竟被卷入”的大惋惜。开门见山，不绕来绕去地说话作文，此篇《回忆闻一多》头一句话就证实了这是朱自清的文笔。

该文第二自然段头一句“新诗在我国，可以说始终没有成熟”这一重要观点，可以用朱自清的一九四八年四月下旬的《今天的诗——介绍何达的诗集〈我们开会〉》一文开头说的来印证：“多少年来大家常在讨论诗的道路，甚至于出路。讨论出路，多少是担心诗没有出路。其实诗何至于没有出路呢？抗战以后，诗又像五四时代流行起来了，出路似乎可以不必担心了，但是什么道路呢？什么方向呢？大家却还看不准。”这是距写作《回忆闻一多》一年半以后了，朱自清仍坚持他的观点。

还是第二自然段，朱自清说新诗“第二期的领导者，便是徐志摩和闻一多”，这个意思在此前的《诗的形式》一文中也有同类表述，是这样说的：“《诗刊》主张努力于‘新形式与新音节的发现’，代表人是徐志摩、闻一多两位先生。”接着文章分析徐志摩的“才气”足以“试验各种外国诗体”，“所以成绩斐然”，“但新理论的建立得靠闻先生”。

在《闻一多的诗》那一小节头一自然段开始两句的意思，在朱自清《〈中国新文学大系·诗集〉导言》中有过同样的论说：“他们都深受英国影响，不但在试验英国诗体，艺术上也大半模仿近代英国诗……他们要创造中国的新诗，但不知不觉写成西洋诗了。”稍后的“方块豆腐干诗派”的“戏称”，在朱自清谈及闻诗和徐诗的其他文章中也反复说过。

《回忆闻一多》最后一段中的“以后这位诗人竟渐渐把他的兴趣转向到政治方面，才有这样的不幸”与文章开头一句“竟被卷入时代的漩涡里而陨谢了”高度一致地来了一个呼应，朱自清坚持了他一贯的对闻一多“七七”以后的热衷于“政治方面”的看法。不仅在公开的讲演、答记者问和文章中反复这样讲，在朱自清日记里也可以找到同类记载，如一九四三年五月九日，朱自清日记中写道：“一多要我与他同去登记参加国民党，我以从未受到邀请为理由拒绝之。莘田给他一份入党申请书。”莘田即当时西南联大同事罗常培，正因为朱自清拒绝掺和到“政治方面”加入党派，影响了闻一多也没有加入国民党。这篇《回忆闻一多》仍强调了这一点。文章最末的“想起来我们只有替他的文学造诣叹嗟了”，如前所述，在专门谈说闻一多之死的文章、讲演、答记者问和悼诗中，朱自清一直申述着这个重要的观点。

不掺和政治、一心做学问，是朱自清的基本人生态度。他在一九四二年八月二十二日的日记中发誓“宜以学问家勉励自己”，到了写作《回忆闻一多》一年半后朱自清还在一九四八年四月四日的日记中表明自己不愿意参加诸如“罢教”之类的激烈行为，他“坚持主张通过正常途径解决”问题，比如“开教授会”协商的方法。

朱自清以“知白”为笔名发表的这篇《回忆闻一

多》，是一篇被淹没整整七十年的重要文献。说它重要，不仅仅是文献价值，还在于这是专门应约写的一篇专题回忆文章，和其他好几篇悼念闻一多的讲演、答记者问不可同日而语。讲演和答记者问都经过记录者的转手修订，还有两篇《闻一多全集》序跋文章又含有一些编辑事务性质的叙说，只有这一篇《回忆闻一多》是未经任何别人的手脚完全出于朱自清本性对死去了的闻一多的肺腑之言。至于为什么用一个老笔名发表，没有找到朱自清自述，不敢妄加议论。但我想，正因为太真实地表述了自己对于闻一多的认识和回忆，他不便使用已成为一个“符号”的“朱自清”本名发表，而用“知白”这个老朋友们都知道的旧笔名正可深刻地传递他的心意。朱自清当然明白他写《回忆闻一多》这文章时，国共两党在“闻一多之死”这个问题上判若水火的态度，他要用发自内心的声音“回忆”他的老同事闻一多。

熟读过朱自清文章的读者，还可以找出更多“书证”来确认这篇以“知白”笔名发表的《回忆闻一多》为朱自清的作品。限于我个人的条件，只能写出以上的考读心得，盼得到高明的指教。

一九四七年五月十八日下午部分在沪文艺家领取滋补品

北京泰和嘉成拍卖公司二〇一五年五月三十一日举行的“含英咀华——影像及名人墨迹专场”编号“811”的拍卖品，是两页表格，发放“维他命丸”、“鱼肝油与豆粉”三种滋补品的领取者签字或盖章确认而作留底的账目。从两纸表格的墨迹来看，应该是在一个地方的两处发放滋补品的留底账目。

两页表格是在一个地方的两处发放滋补品的领取者签字或盖章确认的账单，其中一处是领取“维他命丸”、再一处是领取“鱼肝油与豆粉”，这在账单的顶端已是明确标示出了的。下面，依据账单所载项类，整理抄录，并分别予以说明。

领取“维他命丸”的一处，领取者每人是一百二十粒，除个别外均在由工作人员写定的领取者名单后予以标示领取数目。

孙陵——盖私章领取
金近——盖私章领取
孔另境——盖私章领取
孙浩然——盖私章领取
蒋天佐——签写“收到”
郑振铎——由蒋天佐写下郑的住址并注“蒋代收”
陈敬容——盖私章领取
周建人——盖私章领取
陈瘦竹——盖私章领取
穆木芬——盖私章领取
彭慧——盖私章领取
楚图南——注“代领”
劳辛——盖私章领取
冼群——盖私章领取
蔡楚生——盖私章领取
徐中玉——签字“中玉收”领取
魏金枝——盖私章领取
熊佛西——只写“维他命丸”数目，未签章
姚奔——盖私章领取
沙蕾——盖私章领取
陈原——盖私章领取
谷斯范——盖私章领取
郑君里——盖私章领取
郑效洵——盖私章领取
巴金——签名领取（工作人员误写了一个“代”）
曹禺——巴金签名代取

靳以——巴金签名代取

张十方——未签名盖章

祁大告——田仲济代取

姚雪垠——未签名盖章

林淡秋——签名领取

傅雷——由人代取，代取人名看不清

陆晶清——签名领取

总共有三十三人享有“维他命丸”一百二十粒的领取待遇，分别由本人亲自领取或他人代领。

和领取“维他命丸”的名单由工作人员统一书写不一样，领取“鱼肝油与豆粉”这一处除“油、豆”和个别领取时间由工作人员书写以外，全由领取人自己签名。

孔另境——油、豆　签名领取

赵景深——签名盖章领取

林淡秋——签名领取

华林——签名盖章领取

严敦易——签名盖章领取

李健吾——签名盖章领取

董秋斯——油、豆　签名盖章领取

巴金——签名后似亦为巴金写的“共三种”，后面有阿拉伯数目“1”。再后还有“36.5.18”，系工作人员注的年月日。

马宗融——油、豆　签名领取

洪深——油、豆　签名领取

章靳以——油、豆　为巴金代为签名领取，工作人员注了年月日“36.5.18”

陈白尘——油、豆　工作人员注了年月日“36.5.18”

许杰——油、豆　签名盖章领取

王进珊——签名盖章领取

叶圣陶——油、豆　签名盖章领取

傅彬然——油、豆　签名盖章领取

徐调孚——油、豆　签名盖章领取

马叙伦——油、豆　由“马龙章”代为签名领取

宋元——油、豆　签名盖章领取

孙福熙——油、豆　签名盖章领取

钟宪民——豆、油　签名盖章领取

徐蔚南——豆、油　由钟宪民签字盖章代领

吕霞先——豆、油　签名盖章领取

韩侍桁——豆、油　签名盖章领取

胡风——豆、油　签名领取

梅志——豆、油　由胡风签名代领

舒芜——豆、油　由胡风签名代领

路翎——豆、油　由胡风签名代领

冀汸——豆、油　由胡风签名代领

杨力——油、豆　由胡风签名代领

魏金枝——油、豆　签名领取

方光焘——油、豆　签名盖章领取

李桦——油、豆　签名盖章领取

和领取“维他命丸”的人数一样，这页账单上也是总共三十三个人在这一页或本人亲自或他人代为领取“鱼肝油与豆粉”。仔细查看，两页账单的另一面

都还有签名盖章，就是说这两页领取“维他命丸”和“鱼肝油与豆粉”的名单并非完整的领取者账单。但这两页的签名盖章，也仍然有相当的史料作用。

叶圣陶这天的日记现场载录亦可资证该次领取滋补品的处所：“午后二时，至文协会所，开第七届第一次理事会。候一时有馀，始有十二人。推定常务理事，余仍在内。余实作不来事，却之又不可。五时散。”叶圣陶没写他领滋补品的事，但他的签名盖章已是无法否认的事。

还有一个佐证，即柳亚子一九四六年七月三日致茅盾：“前文协送来琉铁丸，度兄处亦有。此丸功效如何、每服若干、是否一般人均可服食，便中希示知为感。”这也说明向已集聚上海的文艺家发放滋补品在当时很是持续了一段时间。

叶圣陶致巴金一信

上海巴金文学研究会整理了一本《写给巴金》，二〇〇八年四月由大象出版社印行，卷首有一封叶圣陶“写给巴金”缺失年份的信。在二〇〇九年六月文化艺术出版社印行的《中国现代文学馆馆藏珍品大系·信函卷》第一辑第三〇五页发现此信手迹，是老式传统书函的写法，严格按叶圣陶书信手迹格式，应该是下面的模样。

巴金吾兄尊鉴：市立剧专将于本月戏剧节举行戏剧资料展览会，意欲向 尊处借取曹禺兄之原稿，以供陈列，负责保管，负责送还，决不有误。今令小儿至诚晋谒，敢恳赐予指教，不胜感幸。即颂
大安。

弟　叶绍钧顿首　二月二日

原手迹强行转行、释文弄成前空一字的“尊处”是敬称格式，意思是“您这儿”；凡提及受信人对方时，为了表示尊敬，或前空一字，或另起一行。“市立剧专”，就是当年的上海市立戏剧实验学校。“至诚”即叶圣陶的生于一九二六年、卒于一九九二年的幼子叶至诚，“小儿”是实写，因为“大儿”就是叶至善。除了“吾兄尊鉴”，书信正文中的“曹禺兄”也是对书信中提及之人的敬称。相对一八九四年出生的叶圣陶，巴金年幼于他十岁、曹禺年幼于他十六岁，严格地讲叶圣陶是师长一辈、巴金和曹禺是后生晚辈。

这封短信还有一处硬性史实“本月戏剧节”，必须熟悉二十世纪四十年代中国现代戏剧常识，才能弄明白。《写给巴金》一书的三个编者如果出书前考证得出这个史实的详况，该信写作时间的年份，就不会用叉叉代替。一九九四年九月江苏教育出版社印行的二十五卷本《叶圣陶集》第二十四卷收入的此信，标题写作一九四八年二月，但书信正文末尾错成了“三月二日”，应该以手迹为准。

被胡绍轩在一九九一年十二月重庆出版社印行的他的《现代文坛风云录》著作中誉为“戏剧统计工程师”的石曼，写过《第一届戏剧节纪盛》，初刊一九八一年年底由四川省社会科学院文学研究所和重庆地区中国抗战文艺研究会合编的“内部刊物”《抗战文艺研究》第一期，该文最末一段追忆“第一届戏剧节的联合大公演”在一九三八年十月于重庆成功举办后，“从一九三九年到一九四一年，又度过了第二、三、四届戏剧节，其中一九三九、一九四一年的戏剧节都有较多的剧目演出”，但“一九四二年国民党政府的行政院批复社会部的指令说，戏剧节‘未便与国庆纪念合并举行’，把全国抗敌剧协定每年十月十日的戏剧节给撤销了。一九四四年国民党政府才规定二月十五日为戏剧节”。

有了石曼的精确“统计”作为基础，这封叶圣陶“写给巴金”的书信的准确年份，还得参照其他相关的史实才敢判定。

标示为出版于一九四八年二月一日实际上该月中旬才截稿下印刷厂进行排印的《文潮月刊》第四卷第四期，在全刊总编码为第一五六二页和第一五七四页分别有短文《纪念戏剧节》的报道和署名“叶子”的《戏剧节有感》，前者明确写道：“本月十五日第五届戏剧节，本刊特选登关于戏剧之文章五篇以资纪念。”证实这年的上海，确实有过“戏剧节”的举办。

二〇一二年第二期《苏州杂志》刊有陆成的《怀念叶至诚》，其中写道：“我认识至诚兄很早，是在一九四八年五六月间……至诚兄大我四岁……那时，他在上海戏剧实验学校读书，曾多次带我到戏剧学校去参观。”有了这两件史实的记录和回忆，叶圣陶“写给巴金”的信的年份是一九四八年可以定下来了。

国民政府一九四四年虽然规定了其后每年的二月十五日为戏剧节，但是因为日本投降而紧跟着来的抗战胜利结束，国民政府要从战时陪都的重庆迁都，文化工作者也大多要离开重庆返回上海或到其他的城市即复员，所以到一九四八年二月十五日才接续一九四一年至少在大上海举办了戏剧节，连续排序为“第五届”。曹禺的剧本“原稿”进入上海市立实验戏剧学校的“戏剧资料展览会”展柜，是一件史实，但由于仅仅在一个学校里举行，暂时还没有找到相关的公开报道。不过，巴金、叶圣陶、曹禺这三个名家的大型年谱类著述，倒是可以根据这封当时叶圣陶写给巴金的书信，来丰富各人这一天的纪事了。

文艺界十六人合影考

在网上“天涯社区”见到一幅中国当代文艺界十六位著名的文艺家全身的黑白合照，请洗印照片的小店帮忙洗印了一张，清晰可辨。照片上的十六个人站了三排，各排从右至左分别是，——第一排：田汉、丁玲、周扬、沈雁冰（茅盾）、徐悲鸿；第二排：萧三、胡风、阳翰笙、曹靖华、巴金、马思聪；第三排：史东山、柯仲平、郑振铎、赵树理、艾青。这么多在各自领域内都卓有成就而广为人知的文艺界名人“同框”，应该是一件不小的事情，有必要把它的相关史实细节弄个明白。

查阅人民文学出版社一九八九年八月印行的二十六卷本《巴金全集》第十卷，在卷首的图版发现上述十六人合照中的十人合影，说明文字为“（巴金）参加首届全国政协会议时与部分文艺界代表合影

（1949）”，下面稍小一些的字是“前排左起：艾青、巴金、史东山、马思聪，后排左起：曹靖华、胡风、徐悲鸿、郑振铎、田汉、茅盾”。

又在二〇〇三年十一月人民文学出版社印行的李存光编《百年巴金》第八十二页见到上述十六人照中的十二人合影，分作两排，从右至左，——前排蹲着的为柯仲平、蔡楚生、马思聪、赵树理，后排站着的为巴金、胡风、丁玲、周扬、艾青、田汉、史东山、程砚秋。

把这三帧合影上的同一个人反复比对，可断定都是几天内甚或是某一次会议或活动完毕后照的。比如茅盾，身穿深色中山套装，左胸口袋上挂着两支钢笔，只不过十六人照中没戴帽子，十人照中戴了浅色帽子。田汉与茅盾一样也有帽子，不过是深色的，在十六人照中没戴，在十人照中站在茅盾左侧，只有他们两个人戴了帽子。又比如徐悲鸿，身着浅色西装，只不过十六人照中弯曲的右臂搭着没有穿的风衣。再比如巴金，十六人照中是站着的，身着浅色西装打领带，十人照中是坐着的。艾青也是一站一坐，着装完全没变，是浅色中山装。胡风也穿了浅色中山装，两张照片中都是站着的。曹靖华身穿中式长棉衣，竖排纽扣在右侧。

这三帧照片尤其是十六人合照，应该是正规的工作照，严格按照“名单学”的“中心位置”原则，被新政权指定为文艺大管家的周扬居正中，两侧是茅盾和丁玲。那帧十人照和十二人照，就不是正规的工作照了，艾青、巴金、史东山和马思聪四个人等就一屁股坐在地上或者蹲在前排，曹靖华、胡风、徐悲鸿、郑振铎、田汉和茅盾等也都是随意地站在后排，每个人的表情都相当放松，蹲着的马思聪还正微笑着。

第十卷《巴金全集》十人照下面的说明文字出自巴金，是可信的，尤其“参加首届全国政协会议时与部分文艺界代表合影”后的括注年份“1949”更是明确了这帧照片的拍摄时间线索。查相关史书，得知“首届全国政协会议”的规范说法是一九四九年九月二十一日至三十日在北平中南海怀仁堂举行的“中国人民政治协商会议第一届全体会议”。三帧照片上的人，无疑都是出席这次会议的代表。但这些人尤其是十六人照中的十六位著名文艺家，究竟有什么由头要来这么一次严肃的合影纪念呢？

查当时即一九四九年九月二十二日《人民日报》第三版发表的新华社消息，题目就是《中国人民政治协商会议第一届代表名单》，文艺界正式代表十五人、候补代表两人，正式代表十五人分别为沈雁冰（茅盾）、周扬、郑振铎、丁玲、田汉、萧三、柯仲平、赵树理、阳翰笙、巴金、徐悲鸿、蔡楚生、史东山、胡风、马思聪，候补代表两人为艾青和曹靖华。原来，十六人合照就是出席中国人民政治协商会议第一届会议的全体文艺界代表，但十六人合照中何以独缺蔡楚生呢？

检读湖北人民出版社一九九九年一月印行的十卷本《胡风全集》第十卷中胡风当时日记，一九四九年九月二十六日记有“下午蔡楚生替几个人拍照”，虽然简略之极，但让我们恍然大悟：这次会议中凡“文艺界”代表合照中没有蔡楚生的，就是蔡楚生拍摄，十六人合照可以确定就是蔡楚生拍摄的。出席这次大会的共有六百二十二位代表，各界各行都有，不熟悉的人群也没有必要照合影。还有一点史实，当时拥有一台照相机的人，是很罕见的，或许文艺界十七位代表就只有蔡楚生携带了照相机。以上所说的“文艺界”十六人照、十二人照和十人照等，应该只能都摄于一九四九年九月二十一日至二十六日这几天内。

在巴金保存下来的书信原件里，有一封蔡楚生一九五〇年一月二十三日写给巴金的书信，其手迹影印于二〇〇九年六月文化艺术出版社印行的《中国现代文学馆藏珍品大系》的《信函卷》第一辑第六十一页，也收入了根据手迹排印的释文。巧在这封蔡楚生的书信第一段就是谈说上述“拍照”一事：“拉你去拍照拉得脸红脖子粗的情景，想起就还像在眼前。天下有阁下那样忠厚，也有在下那样鲁莽，真是无巧就拍不成照片。”这封书信还谈到胡风即信中的“胡老”、谈到“迁离华文”，也与上述几帧照片已见到的文字说明完全吻合。

巴金谈『所谓「调解」』的信

见到一封没有写作年份和月份的巴金书信手迹图片，是写给“应人”的，属于便条性质很简短的回复，全文如下。

应人同志：

示悉。甚感您和丰先生的好意。对于所谓“调解”，我无意见。你们看应该怎样办，就怎样办吧。

此致

敬礼

巴金

六日

受信者“应人”就是潘应人，即二十世纪三十年代中国左翼作家联盟内著名烈士潘漠华的一个弟弟。

在海豚出版社二〇一三年九月印行的三卷本《子恺书信》下卷收有丰子恺写给潘应人的一组书信，其中头两封没有标出写信年份的书信，正巧就与上录巴金这封短信的内容相呼应。

“七月十六日”的信：“今晨吴朗西来谈。他很盼望我们调解，他愿意让出文生一部分资产来遣散他的一部分同人”；“他听见我说，新闻处表示无法调（你说的），他甚盼我们出来讲话。并且要我代为恳托你。因为你对巴金比我交深”；“我想，对巴金说话，很难启口。因为表面上，他是局外人呢！你同他讲价钱，他一定不肯说。但我又想，交情深的也许可以说（我对他是不能说的，真可谓‘交浅言深’）。你说只托他‘帮忙’调解，因为他对内部熟悉的原故”；“这样，他许肯答允。”

“七月卅日”的信：“今日吴朗西君来访。我将足下及刘北汜先生之意转告，彼甚盼第三者出面调解，对于‘拆分股份’彼亦同意，但言‘请调解人详细了解情况，秉公处分’，则彼无不接受云。请将此意电告刘先生，请其探询对方意见，予以拆衡可也。我个人很赞成他们‘拆股’，因为这样可以根除种种纠纷。吴能接受我劝告，料此事容易解决了。”

从上述丰子恺写给潘应人的书信摘抄中，巴金回复潘应人信中的“所谓‘调解’”已经得到答案。这个“调解”是文化生活出版社后期好几年的重要史实，也是巴金脱离该出版社另与其弟李采臣等组织平明出版社的重要原因。但很可惜，除了这三封书信谈及文化生活出版社两大“领导人物”吴朗西与巴金“散伙”之事外，暂时还找不到其他更为细化的史实材料。

三封谈及文化生活出版社末期巴金和吴朗西“所谓‘调解’”的书信，都没有写作年份，巴金的书信年份、月份都没有。不必去查阅别的史料，“七月十六日”丰子恺写给潘应人长信之尾有一句“巴金的平明，恐资本不及他雄厚”即可给出年份，其中的“他”指吴朗西。这“巴金的平明”即巴金李采臣兄弟们的平明出版社是一九四九年十二月成立的，三封谈及“调解”的书信都只能写于一九五〇年。而且细读上录丰子恺写给潘应人的两封书信片段，还能判断出巴金给潘应人的回复在一九五〇年八月六日。

文化生活出版社头十年，巴金与吴朗西的矛盾没有白热化。但最后几年，两人的矛盾越闹越大，以至于巴金在一些书的前言和后记中都要夹枪带棒地指斥吴朗西。巴金那时不少私人书信中也直接“骂”吴朗西，比如巴金写给田一文的不少书信原件中就有这些内容。吴朗西当然也不是省油的灯，他在一九五一年六月十六日印了《巴金与文化生活出版社》的小册子并开始散发。两天后，巴金为由文化生活出版社曾印过的罗淑译《何为》转到他和他的兄弟们办的平明出版社“再版”前写“题记”，就公开地说“我手边正放着昨天收到的文化生活出版社吴朗西先生私人印发的攻击我的小册子……”，可见潘应人、刘北汜和丰子恺们前不久的“调解”没起多大作用。

艾芜日记的出入

艾芜一九五九年九月十日写完的五千字散文《陈效法——解放后教育我的第一个工人》，内有五处日记或日记类的内容，与五十四年后公开出版收在《艾芜全集》中的同一文本出入惊人。不敢贸然推测出入的原因，只据实予以过录，供史家寓目。

该文开始不久写道："我翻开一九五二年的日记，五月十二日这天就记有这样的话：'打算替陈效法做篇传记。'这说明一九五二年初次到工厂和工人接触，陈效法的行为和品质就怎样的感动过我。"艾芜此处的"抄录"旧日记和表的态，是要显示虽然一九五九年七月二十三日《人民日报》"登出陈效法李绍奎等护厂立功"的报道《无畏的人》，但其实艾芜本人早在七年前已发现了"陈效法"们并有为其立传的写作计划。查阅出版的艾芜日记，这一天有一千字，提及

“陈效法”共六次，但找不到“打算替陈效法做篇传记”这句话。

该文末尾四个自然段中含有日记或日记类文字每段各一处。

倒数第四段和第三段分别抄引了二百六十和二百二十多个字幅的两则日记。一九五二年六月六日的日记：“……上下午都参加平炉工人订增产节约的小组会，甲班工人刚从夜班工作下来，开会时有三人常常打盹，只是炉长王振家精神很好，同总炉长陈效法算细账，算出五号平炉，可以一年增产八四三三吨钢。陈效法文化不及王振家，当他用铅笔算的时候，有些错误，王振家就笑着说：‘这只有两年半文化呵。’陈效法不以为意。又下午丙班工人下班开会时，陈效法一面听，一面记下他们的发言，有几个字写不起。丙班炉长金福臣也开玩笑地说：‘怎么写不起罗。’他也笑一下算了。我觉得陈效法这个人，在温和中有他坚决的意志，即使有打击，讥笑，都不能使他感到挫折，而能泰然处之，毅然前进。”一九五二年六月十九日的日记：“……下午五点钟，同陈效法步行到他家去。他新买一架脚踏车、花钱二百六十万元，他没有骑，同我一道走路，一面走，一面就谈他学习经过……他干活很认真，不吝惜气力，炉长班长以及技术员都高兴他，他要问什么，他们都能耐心地告诉他，即使对他有所责备，他也能沉默地接受，不管对方责备的有没有道理，他都一言不发。他这个人，很细心，但又胸无城府，和易可亲……从陈效法家走回我住的地方，只差五分钟，就有一点钟久，一路走着很愉快，一点也不觉得疲倦。”出版的艾芜日记，却没有这两天的记录。

倒数第二段，有一九五二年七月一日的日记：“上午同五号平炉乙班二助手石福绵谈话，他说三个炉长彼此不佩服，各人各有一套操作方法，谁也不肯向谁学习……至于总炉长陈效法，脾气也不大好，炉长工作没有做好，如炉内起泡沫渣，他就要‘发态度’。一般工友认为他太嘀咕。”出版的艾芜日记有这一天的，但只对得上“三班炉长互相谁都不服谁”一句，其余全无。

该文最后一段，行文中写道：“一九五六年我再去鞍山的时候，首先便到工人住宅区去看他。”无疑地，这也是日记一类的文字转述。艾芜一九五六年“再去鞍山”是这年的五月最末几天，都写有详细日记和写给夫人王蕾嘉的书信，但细细查找无论哪一天都没有关于“首先便到工人住宅区看他”即去“首先”去看陈效法的记载。

艾芜的《陈效法——解放后教育我的第一个工人》和艾芜一九五六年的日记都同时收在二〇一四年六月四川文艺出版社等印行的《艾芜全集》十九卷中，可以相互参照。《陈效法——解放后教育我的第一个工人》一文，初刊于一九五九年第十期《人民文学》中，要算艾芜这一时段的重点代表作，因而有予以重视的必要。

艾芜《百炼成钢》书事

一九五六年尚未到来之时，一九五五年十二月当时国家的各个部门都根据党和政府的部署，在紧张制订来年的“工作规划”了。文艺书籍出版工作规划，就公开发表在一九五五年最末一期《文艺报》半月刊第四十页上，几乎占了十六开一满页的篇幅。

该“规划”开宗明义地交代：“我国社会主义革命事业正在飞速发展，出版工作需要适应和满足这一客观要求，必须做好全面的规划工作。”具体到“描写工业建设”方面的文学创作只列出两部作品，头一部就是“艾芜的《百炼成钢》”。

梳理《百炼成钢》这部只有二十五万字长篇小说的写作、修改、发表、出版、宣传和改编等过程，只能用“紧锣密鼓”这个词语才可以准确形容。作者艾芜这一方面，起意要写这个钢铁生产内容的作品，在一九五三年二月二十一日写给沙汀的书信中已下了决心，要以去年从鞍钢工厂内发现的“领导怎样领导群众”为主题“写出工人们的优秀品质和他们的聪明才智”，“至于用戏剧形式，还是用小说形式”此时尚“在考虑中”，他仅仅希望沙汀能帮他搞定延期住在鞍钢的请求，不回重庆。不到半年，艾芜已拿出初稿了，是中篇小说，手稿装订为三本，书名想了两个，一个是《百炼成钢》，再一个是《在生产战线上的人们》，一九五三年七月十五日上午亲手交给主管创作的东北文联副主席草明，“同她说到解决组织的问题”即重新办理正式加入中国共产党的手续，估计谈话内容就是希望党组织批准自己的申请。

在艾芜的日记中，得知他在草明看过初稿后，还请北京大学吴组缃也看过，一九五三年十月中旬他就“对照草明和吴组缃所提的意见修改近一个星期。书稿放了近两个月，一九五三年底，中国作家协会新成立不久的创作委员会已安排人为该书稿打字油印成册后，翻过年来的一九五四年二月十九日由作协创作委员会集体讨论”。据艾芜这天的日记，讨论会上虽也有好的修改建议，但连书稿都没读明白就乱说的也有。就是说，这次集体研究修改并不能一锤定音，何况还得请这次讨论未到场的“一批领导同志”提意见。到了一九五四年五月初，艾芜决定“第二次修改”时“打算重新写过”。

艾芜思考如何重写，一晃就到了一九五六年夏天。上级同意艾芜在这年夏天前往青岛住在疗养院写作。艾芜七月到了青岛，集中时间和精力写了两个月，因大女儿的精神病复发，只好赶回北京。直到一九五七年七月二十四日和九月二十四日，与一九五六年“文艺书籍出版工作规划”相对比，已延迟了半年，而且还不是直接出书，是在一九五七年七月二十四日创刊的《收获》双月刊初次发表，本拟一次全部登完，因刊物篇幅所限留下了五分之一内容在该年九月二十四日出版的《收获》第二期才刊毕整部小说。

出版成书发行单行本《百炼成钢》，一九五八年五月才在作家出版社实现。很快就由权威的《文艺报》组织召开了“钢铁工人座谈《百炼成钢》”的会议，一九五八的八月由作家出版社编印发行了收入十三篇文章的《〈百炼成钢〉评介》。一九五八年九月，由上海文艺出版社印行了《百炼成钢》第十八章题作《秦德贵奋勇炸钢渣》的大众读本。

这还嫌不够，一九五九年由焦菊隐、于是之等九人迅即将这部长篇小说改编为十一场次的话剧，焦菊隐自己担任导演，组织北京人民艺术剧院师生抓紧排练，于一九六〇年新年伊始正始上演。话剧《百炼成钢》上演的节目单上，其《前言》最后一自然段写道：“这部小说表现的生活和人物，充分地洋溢着大跃进的精神与气魄，我们把它改成剧本，搬上舞台，是想以书中表现的钢铁战线上的火热斗争，和英雄人物的崇高品质和艰苦奋斗的精神，来激励广大工人群众和全国人民，共同为完成今年生产一八〇〇万吨钢的光荣任务，更积极地奋斗！”

和小说《百炼成钢》提前列入出版规划公布一样，话剧《百炼成钢》还在排练的时候，一九五九年二月出版的该年第二期《戏剧报》月刊已用权威的报道公布了“最近还将上演根据艾芜的同名小说改编的《百炼成钢》（焦菊隐导演）”的信息。

熊佛西致巴金一信

在二〇〇九年六月由文化艺术出版社印行的《中国现代文学馆馆藏珍品大系》的《信函卷》第一卷第二百九十一页见到三页小条便笺纸上熊佛西写给巴金的一封完整的书信手迹，便笺纸左侧印有竖式的正体字即常说的繁体字楷书“中央戏剧学院华东分院便笺”，全信内容是请巴金观看熊佛西长校的中央戏剧学院华东分院的“学生们演的《家》”，把三处旁批移入书信正文的合适地方，全信的完整释文如下。

巴金兄：

学生们演的《家》现已开始公演了。兹送上星期天（即月之十二日）日场（下午1:30）戏票六张，届时希望您偕尊夫人、小弟妹等光临指导。学生们都热烈地盼望着您们能来。我因病，不能和你通电话。假使戏票不够或星期天不便，都请打电话给我。我的电话号码是20384。顺颂俪福！

弟佛西　五月八日

抗日战争胜利后，熊佛西应上海市教育局邀请于一九四五年十一月辗转从桂林到达上海，担负上海实验戏剧学校研究班主任，一九四七年二月任上海实验戏剧学校校长。一九四九年五月二十七日熊佛西和他的学生们一起迎来了上海“解放”。此后，熊佛西先后被任命担任上海市戏剧专科学校校长、中央戏剧学院华东分院院长和上海戏剧学院院长等实权职务。以上这封未署写作年份的书信，自然就写于上海“解放后”，因为书信中的“小弟妹”指巴金夫妇的一儿一女。巴金夫妇小的一个孩子是儿子李小棠，他一九五〇年七月二十八日出生。但熊佛西去世的一九六五年一月之前尚有十四五年，在未见到巴金和熊佛西两个当事人准确自述此事的可靠文献史料前，我们只得另辟路径来落实该信写作年份。

查年历，一九五一年至一九六四年十四五年间的五月十二日为星期天的，只有一九五七年、一九六三年这两年。已经公开出版的巴金日记没有一九五七年的，只见到一九六三年的。在一九六三年五月十二日这一天巴金日记中，没有记录他们一家人到熊佛西的中央戏剧学院华东分院观看该校“学生们演的《家》”这事。而且往前几天，也不见有巴金收到熊佛西送《家》戏票的记录。看来，一九六三年可以排除了。

剩下的只有一九五七年了，就是一九五七年五月十二日下午一点半巴金携家人前往中央戏剧学院华东分院，观看熊佛西担任院长的该校“学生们演的《家》”。截至目前记录巴金生平踪迹最齐全的图书，是四川文艺出版社二〇〇四年一月印行的《巴金的一个世纪》。该书在一九五七年五月中旬项下的记录为：“五月十一至二十日　出席中共上海市委宣传工作会议……”但未知这个会议在星期天是否可以休息，或巴金可不可以在十二日下午请假半天去中央戏剧学院华东分院观看熊佛西的“学生们演的《家》”。这，尚待当年的史实细节进一步发现，使巴金此次应熊佛西观看“学生们演的《家》”的事得以彻底落实。

但以上述说的巴金被熊佛西邀约观看“学生们演的《家》”这事，却可以丰富“巴金研究”，证实了巴金《家》被改为话剧后的演出，熊佛西至少有过两次实际的奉献。上一次的奉献，是早在一九四三年五六月间熊佛西曾经导演过《家》。熊佛西有一篇《〈家〉在桂林的演出》，初刊于这一年的七月一日在桂林出版的《文学创作》第二卷第三期，该文其实就是熊佛西谈他自己在桂林导演根据曹禺改编的话剧《家》的情形。

在一九四三年一月间，桂林“某团体”约熊佛西“导演一个戏”，“一时找不出合适的剧本”，“恰巧”在报上看到曹禺根据巴金小说改编的剧本《家》出版的消息，熊佛西“便同一个朋友去访巴金，与他商谈

《家》在桂林演出的事情”。但次日熊佛西立即听到又一个“某团体的主事人”传话来“表示他要导演这个戏”，熊佛西只好放弃，还大度地觉得“拟导演这个戏的人也是我的朋友”，无论谁他“排”我“排”都是一样，“只希望桂林多有几个好戏看，使此间的戏剧空气更浓厚些”就可以了，“何人导演与何团体演出，都没有多大关系”。

然而“事隔半年”，直到一九四三年五月十四日“钢鸣、孟超、湘军诸兄光临榴园，说他们和寿昌兄发起的剧社要演出《家》，约我导演”，虽然熊佛西很忙却因来人的“情辞恳切”，“经再三考虑，我只好勉强承允了”。一周后的五月二十一日晚上，熊佛西和演员们“开始这件艰巨的工作”，“每晚七时至十时，风雨无困”地“大约费了二百小时”排演出了《家》。虽然“这次的演出未能如愿”，熊佛西本人仍然觉得他还是在导演方面进行了不少成功的努力，如在内容上凸显了这是一个“反封建的剧本”，如在“整个的演出我以现实的方法处理，使它朴素而真切”。该文的末尾，熊佛西说他期望所有参演的人要让观众造成“这不是戏剧的戏剧，而是生活的戏剧”的印象。

熊佛西这封写给巴金的书信和这篇《〈家〉在桂林的演出》文章中的第一手珍贵史料，至今未见开发利用。熊佛西自述的一九四三年一月间他“同一个朋友去访巴金，与他商谈《家》在桂林演出的事情”就是巴金年谱中一件可以认定的行踪，见面的具体时间只要看一下当年这个月桂林报刊对曹禺根据巴金

《家》改编的同名剧本广告的首刊时间，就可以确立巴金与熊佛西等人的会晤“商谈《家》在桂林演出的事情”的具体时间段。上引文中的熊佛西关于《家》话剧排演进度，也是熊佛西年谱的可信史料。

冰心在『大跃进』初期

包括“大跃进”在内的所谓“三面红旗”，是我国从一九五八年五月起实施了好多年的“建设社会主义”的主要指导思想。“三面红旗”具体内容是“鼓足干劲，力争上游，多快好省地建设社会主义”为“总路线”、经济领域一系列建设方面的高指标叫“大跃进”、整个农业基层乡村统一改体制成“人民公社”化。“三面红旗”中的“大跃进”，是特定时段的历史词汇，其初潮发生于一九五八年春，延续到一九六〇年，通常指这两三年中国在经济建设上开展的群众运动。从郭小川当时日记来看，“文学艺术大跃进”在中国作家协会领导层的酝酿期在一九五八年二月上旬即这年的春节前。郭小川以“晓蝉”笔名写的《文学工作能不能跃进》，发表在一九五八年二月二十六日出版的《文艺报》半月刊第四期。该文起草于这年的腊月二十八，次日即除夕。《文学工作能不能跃进》由时任中国作家协会秘书长亲自撰写，一个“运动”即将兴起，是无疑的。

果然，一九五八年三月二十六日出版的该年第六期《文艺报》头条长文就是十二个名作家“座谈”周扬文章记录，正题为《为文学艺术大跃进扫清道路》。仍是这同一期《文艺报》，发表了副题“文学界大跃进座谈会综合报道”的《扬帆鼓浪，力争上游》中就有五十八岁的冰心的“特写”段节：“冰心说：现在我要大跃进，把社会活动和写作结合起来，把我在国内外看到的山川美景、动人事迹，在新的《再寄小读者》中告诉孩子们。这些事太多了，我要七十、八十、一直到九十岁都要写下去！”冰心这里的公开表态，是在热烈响应中国作家协会书记处提出的《文学工作大跃进三十二条（草案）》。这“草案”一提出，北京就召开了有一百多人参加的“座谈会”，连没有出席这天“座谈会”的茅盾、巴金和曹禺也委托邵荃麟代为宣布：“茅盾写 1 个长篇，3 个中篇；巴金写 1 个长篇，3 个中篇，翻译几部外国作品；曹禺写 5 个独幕剧。”在场的田汉“前几天在剧协座谈会上宣布今年要写出 10 个剧本”，除再次“保证一定完成”外，还“准备写 10 个电影剧本”！对比起来，年近花甲的冰心真还算低调稳重，不见有“大跃进”的狂喜色调。

冰心的上述冷静表态的具体时间在一九五八年三月八日。次日的《人民日报》就有《中国作家协会发出响亮号召：作家们！跃进，大跃进！》等“首都作家纷纷响应作协号召”的报道。与工业、农业等各条战线的浮夸一样，中国作家协会的宣传阵地当然也充满了“大干快上”的“大跃进”局面。或许因为视野所限，一九九九年九月海峡文艺出版社印行的冰心生前秘书卓如编《冰心年谱》在“一九五八年三月八日”项下，却没有登录冰心在上述首都作家百多位作家座谈会上的低调而稳妥的表态，使得有据可查的冰心行踪少了一条载录。

细读收入《冰心全集》中一九五八年的文字，的确也有那些年代的色调，如在《我们这里没有冬天》一文中象征性地歌颂“尤其是去年——一九五七年，就仿佛没有冬天”。即便在她的大儿子吴平和丈夫吴文藻先后被错划为“右派”的这年三四月间，冰心也仍欢快地歌唱着祖国是“多么美丽快乐的一个世界”，也仍倾吐着“对东风的感谢”……

孟超『勾留』张家口

在“生产大跃进，全民炼钢铁，人民公社化”的一九五八年，五十六岁的孟超于这年“十一月六日张家口地区举行文艺工作者代表大会”时，“得有机缘第一次踏上这久已响往的土地”，前后“勾留”了五六天。与蒋光慈、钱杏邨即阿英鼎足并立的三十年前著名的早期革命文学团体太阳社三大领袖人物之一的孟超，如今这火热的社会主义“新时代”给他的印象是：“崭新而广漠的大地上，人在急遽地向前迈进，一切风物也在瞬息万变。”

六日和七日都是“张家口地区举行文艺工作者代表大会”的日子，八日下午孟超参观保留着古长城遗迹的大境门。登上长城，“放目北瞩，浩漫无际。那远近升起的烟火，不是烽火台墩，而是从炼钢的高炉中冒出来的”。稍前，也许是“文艺工作者代表大会”

安排的日程，孟超参观过的张家口一带的勘探机制造厂、张家口日报社、纸烟厂这几处“表现了大跃进以后新的气象”的单位，也都在响应着党和政府的号召“同样忙于炼钢”。

孟超是“文艺工作者”，而且是“资深”的早期提倡并实施革命文学的著名文艺工作者，自然要去参观“张家口地区群众文艺活动”的场面。出现在这位太阳社领袖人物之一孟超眼前的群众文艺活动“非常活跃”：“工厂和公社都经常结合了中心任务进行文艺活动，特别是诗歌方面更加活跃。群众诗集已出版了好几册，还有诗的传单，赛诗会也举行了多次，经常在做报告，写文件中也插入诗句。怀来县委书记耿长春名句：‘心硬铁不软，苦钻钢水流’，已在群众中广泛传诵；这诗的吟成，并不是苦心推敲出的，而是他在做炼钢动员报告时，心情一动，脱口而出，但在群众中对写诗却起了极大的推动作用。四五十岁的老太婆和十一二岁的红领巾，也都出口成诗；甚至，还有人自己虽不会写，却会吟哦，可见人民一掌握了文化之后，自然而然就要抒发自己的感情。共产主义文化的胚苗，就在这里。”

紧接着，孟超在有一天的傍晚还去红星公社参观了“英雄姿态”的“女民兵”。这些编成一个营“穿了黄色军衣，一律都挂着短枪”的女骑兵胯下的“战马”全是民兵们用自产的耕马训练出来的。这支女骑兵队才成立不到两个月，已经是“雄姿英发”，“充分地表现出了塞上女儿的气概”。

以上的内容，得自孟超当时所写短文《塞上偶记》。再过三年孟超在《剧本》一九六一年七月、八月号发表昆曲剧本《李慧娘》并很快被几家剧团排练上演了，引起轰动。在得到高度赞扬的同时也得了一些出手很重的批判，甚至成了中国当代文学史上“关于鬼戏问题”一次著名的论争事件，在十年“文革”中饱受林彪和“四人帮”的迫害，一九七六年五月十二日，孟超在七十二岁时含冤辞世。直到改革开放的一九七八年年底，孟超的冤案才得以彻底平反。

孟超此文被我发现，纯属偶然。一本无封面无头无尾的破烂旧刊残本丢弃在旧书地摊，我翻了翻，从一则“邮局正在办理一九五九年第一季度《旅行家》预订手续”的《本刊启事》判定它就是一九五八年第十二期《旅行家》，该刊由中国青年出版社编印，上面还有几篇与孟超同时代的著名作家的文章和信息，是研究者的第一手史料，可惜该刊没有引起相关学科的重视。

作家们『要红旗，不要钞票』

在一九五八年的八月二日、三日《大公报》和《光明日报》分别发表社论，认为减低稿酬是“革命措施”近两月后，九月二十七日中国文联主席团举行扩大会议，专题研究讨论这个问题。在这次会议上，张天翼、周立波和艾芜联名作的题为“我们建议减低稿费报酬”发言刊于九月二十九日《人民日报》。该发言从“大跃进”广大工农群众夜以继日苦战却自动要求取消加班费说起，倡议“我们向工农学习要红旗，不要钞票”，建议先向上海的四家杂志那样把目前的过高的稿费报酬减去一半，“到了条件成熟时，可以根本取消稿费制度”，分析无论业余作者还是专业作家，减去现行稿酬标准的一半都不影响生活，认为“担心生活困难与作家叫穷的时代，早已一去不复返了”，高喊“斤斤计较稿费的高低，是进不了共产主义的”!

几乎是一听到张天翼等三人联合发言，曹禺赶紧联系自己的专业领域，写下《必须减低稿费和上演报酬》一文，发表于一九五八年十月十一日出版的《文艺报》半月刊该年第十九期。曹文开始就是：“作家的稿费应当大大减低，已成了从事创作的人们的普遍要求。”其道理为：作家的生活待遇不该与劳动人民的生活水平有悬殊，“稿费、名声、地位等等观念，只是妨碍作家向共产主义迈进的绊脚石”；“稿费制度可以根本取消的”，因为“大多数业余作家们不需要，专业作家也是如此”。曹文最后写道：“随着社会主义的发展和向共产主义的过渡，稿费制度一定要被淘汰。我们热烈拥护张天翼、周立波、艾芜等同志的关于减低稿费报酬的建议，他们的建议是十分适合时宜的。我想，剧本的上演报酬制度也应该重新考虑，或者根本取消，或者减低到原订上演报酬的三分之一。”

读了也是发表于这年《文艺报》半月刊第十九期署名“陈璁”的“短评”《拥护降低稿酬标准的倡议》，方知在九月二十七日举行的中国文联主席团扩大会议上“许多作家和业余作者提议出版社和报纸刊物降低稿费报酬的标准”，而且“在这以前，中国作家协会上海分会的三个刊物和作协在上海编辑的《收获》双月刊，决定从九月份起，稿酬标准降低百分之五十，减少稿费的等级差别”。接下去，“短评”说：“这个倡议很好，得到了绝大部分作家的赞同。”“短评”引述《共产党宣言》：“资产阶级抹去了所有一切素被尊崇景仰的职业上面的神圣光彩。它把医生、律师、牧师、诗人和学者变成了它拿钱雇佣的仆役。”“短评”最后引用“工人作者李学鳌”的发言:“只要政治挂了帅,创作热情就永远不会减退,创作活动就会更活跃地发展起来。完全没有必要用稿费来‘刺激’!”

果然,在曹禺文章的下方,公布了《文艺报》、《人民文学》、《新观察》、《诗刊》和《译文》五家刊物的《降低稿酬标准启事》:“我们几个刊物,响应上海、北京报刊、出版社和许多作家关于降低稿酬标准的倡议,为了逐步消除脑力劳动和体力劳动在报酬上的差别悬殊,更高地发扬文艺工作者的共产主义精神,决定自十月份起将我们的稿酬标准降低一半。”

俞平伯致章元善一信

在浙江大学出版社二〇二〇年六月印行的《迤逦集》第一百三十八页，见到一封俞平伯写给章元善的书信手迹。书信右上角有受信者章元善用阿拉伯数码记下的该信写作时间，为一九六一年二月九日。因为俞平伯信尾只写了“二、九”，倘无章元善收信当日的及时标示，这封书信的写作年份真有可能不会被迅速确定。依照俞平伯手迹的书信传统的文字表述格式，如用前空一字表示尊敬等，这封书信的释文如下。

元善大哥：

复书欣诵。尊作　叶伯母挽诗极真挚，且妥，甚佩。又承示　近游华清新诗，为荷。西北一带，弟从未到过，幼年读先君秦蜀游记及诗，辄心向往之。星

期日上午在嘉兴寺当可晤谈。馀不一一。即候
双安

弟平 顿首

二、九

该书即《迤逦集》前一页有上录书信的释文，但格式不对，有四个字认不出用方框替代，导致书信正文读不通，且将“即候双安”的“候”误录为“侯”、将花体“顿首”错误地辨识为“书”。以上释文其中好几处也是经过反复辨认才搞定的，比如俞平伯写的“幼年”的“幼”，把左右结构写成上下结构，在汉字书法的书写习惯中是允许的，但一时真无法辨识。《迤逦集》的作者对“先君秦蜀游记及诗”的释说为“俞平伯的父亲陛云，光绪二十四年（1898 年）戊戌科进士第三名”，还有“信中所说的《秦蜀游记》不知收在何集中，或未刊版”的模糊介绍；也对受信人“元善大哥”给予了说明：“章先生长俞先生八岁，苏州人，早年留学美国，毕业于康奈尔大学，曾任北大和燕京大学教职。二老晚年鸿雁往来……”

然而很可惜，一九九一年八月由河南教育出版社印行的《俞平伯书信集》收入俞平伯写给六十多人的五百多封书信中，就没有写给章元善的信。所以，《迤逦集》完整展示这封俞平伯写给章元善的书信手迹，是填补了一个小空白的。下面接力对这封书信完整释读一次。

从“复书欣诵”推知，自然是俞平伯之前给章元

善写去一信，章元善回复的信被俞平伯“欣诵”，连带随信“承示”的两首诗也“诵”了。两首诗就是章元善前不久写出的“叶伯母挽诗”和“近游华清新诗”。后一首诗没有找到，但从俞平伯稍前的一九六〇年十二月二十八日写给王伯祥的信中得知“元善兄顷当已赴西安矣”，表明章元善是一九六〇年年尾和一九六一年年初“赴西安”旅行时“游”了“华清”且有“新诗”以记之。

信中所讲章元善的“叶伯母挽诗”，叶圣陶一九六一年二月四日的日记有详载，不妨全抄：“元善作唁辞一首授余，录之。‘白发遭母丧，萱堂福寿全。有一已作慰，今也二者兼。失恃我早君，整整六十年。设辞唁君戚，不禁同呜咽。’幼年失恃，老年失恃，悲痛固无殊也。”俞平伯书信中说的“叶伯母”，就是享年九十六岁于一九六一年二月三日去世的叶圣陶的母亲朱太太。

书信末尾所说的“星期日上午在嘉兴寺当可晤谈”，从顾颉刚的日记中可找到佐证，就是俞平伯、章元善和王伯祥几个老朋友等人的不定期聚会：星期日在嘉兴寺、平日上班之余在“政协礼堂”。但俞平伯书信中约定的嘉兴寺星期日这一次“晤谈”，顾颉刚未去，他的日记中写着的是因为气喘病发作要在家中“卧床”休息，同时也等候宣武区医院的护士吴剑霞“来打针”。从俞平伯一九六一年三月写给王伯祥一封书信中得知，他们几个老朋友的不定期“晤谈”，除俞平伯、章元善和王伯祥，有时也有别的人来参加。

沙汀五十天的『南行』

稍有文学常识的人大多都知道，百年来中国现当代文学史上有一个以三次“南行”著称于世的名作家，他就是被誉为“中国的高尔基”的艾芜。然而，与艾芜同在一九〇四年出生八十八年后又同年去世还都是四川人的沙汀，的的确确也有过一次“南行”，就在艾芜的“第二次南行”起始的那个时段，“行”的路线也一样：从四川的成都和重庆，先到贵州，再到云南。

艾芜这回相当著名的“第二次南行”，启动源头直接与当时中国作家协会的党组负责人刘白羽和严文井有关。艾芜动了心思后，首先向沙汀写信通报，他在一九六一年八月二十九日写给沙汀的信中说：“你的精神不大好，是不是今年下半年，如在十月以后，出去旅行下子？不久以前，刘白羽、严文井约立波、沈从文和我，随便谈了一下午，又还请我们到丰泽园吃了一顿饭。他们希望我到南方走走（或广东或云南），约两三人做伴，随便玩玩，不一定写东西。实际去什么地方，他们没有定，只是说出去走走，我便假定云南或广东，因为那里冬天暖和。你是不是一道去走走？路上有人招呼，旅行也方便。”

新中国成立后的沙汀，职务是四川省文学艺术界联合会第一届的主席，这个实职一直担任到一九八〇年六月，也曾到京担任中国作家协会领导职务。当时文学圈内人的印象，沙汀和陈荒煤、张光年还有艾芜信中说过的刘白羽、严文井等都是十多年不变的“文学战线”上的领导群体，他们担任着毛泽东文艺思想的具体传播和执行工作，直接的上级是周扬乃至周恩来总理。艾芜、周立波、沈从文三人这次被刘白羽和严文井约谈，就是艾芜在上述那封写给沙汀信中所讲“想必李亚群同志业已传达过了”的在北京举行的“文艺座谈会”，该“座谈会”就是由周恩来指导、周扬操持的，不少重要精神在全国各省都有传达，在四川就由省委宣传部主管文化的副部长李亚群“传达”。

不出一个月时间，中国作家协会党组会议发起，身为中国作家协会主席的茅盾做东举行的第一次“文艺界小型之聚餐谈心会”，便是九月十五日下午茅盾与周扬、林默涵、胡愈之等出席，在四川饭店请艾芜等作家共二十一人“吃晚饭”，之前之后有“五个钟头的聚会”，艾芜在一九六一年九月十八日写给沙汀的书信中也予以通报：“前几天，茅盾请些作家随便闲谈，并在四川饭店吃晚饭，一共五个钟头的聚会，还过得很高兴。这种形式的闲谈，可能要继续下去。以后不一定吃饭，还可以改为吃茶。这样谈谈，活泼有生气，又交流了许多意见。这次周扬、林默涵、胡愈之等同志都参加了。”

刘白羽和严文井，还有茅盾、周扬、林默涵等代表中国作家协会党组希望艾芜“到南方走走”，就是执行中共中央的文艺政策和方针，事实上是指示艾芜到他熟悉的“南行漂泊”旧地“体验生活”，不必讳言其目的是要在艾芜与“旧社会”对比之后，写出“新社会”的贵州、云南的“巨大变化”，给全国作家带个头。艾芜心领神会后立即着手“第二次南行”，一九六一年九月二十四日写给沙汀的书信中说：“我们去成都的日期，已订好了。今早作协送来火车票，准于九月二十七日七时四十分离成都。你准备好了吗？前次信上讲，我们将在贵阳停留四五天，然后同你一道乘飞机去昆明。”

与艾芜热心乐于去作“第二次南行”不同，沙汀不太积极，他在重庆还当众甩出一句“难得捡足板儿印”，这是四川土话，意思是懒得到贵州云南的山路上行走。艾芜知道沙汀心里闹别扭，但他不改变中国作家协会的安排，仍执着地前往贵州云南去作他自己的“第二次南行”。沙汀这回随艾芜“南行”就食于贵州和云南，没有发现具体的研究成果，已出版的《沙汀年谱》，也只说他一九六一年十月中旬“与艾芜、林斤澜、刘真去云南访问，绕道贵阳”。

沙汀本人的记录，只找到他一则日记中写及一段，这就是一九六二年一月五日沙汀在日记中写的：“上午，看了积累下来的信件，有一封白羽写的，寄往保山，最后才由昆明转来。他劝我在芒市住下去，可以住到春天。要艾芜更不要忙着回京。如有必要，林、刘也可以作较长期的打算。读后颇为感动，也有些歉然，因为我已经回来一个月了。”依沙汀本人的记载，他这次随艾芜的“南行”只有五十天时间。

艾芜当时也有记载，一九六四年六月一日在北京为《南行记续篇》写《序言》，他带着埋怨的口吻提及沙汀的这次“南行”，就是该序第七自然段第二句：“有些同志，因兴趣不同，为搜集他们所喜欢的材料，分头活动，不一定走在一道了。但我还是鼓起勇气，和一二位同志，向一些应该去的地方走走。”所谓“有些同志”，其实只指沙汀；后一句中的“一二位同志”，指林斤澜和刘真。

十年中的哪一年？

由浙江文艺出版社和浙江教育出版社一九九二年六月联合印行的《丰子恺文集》第七卷即“日记·书信·诗词”那一卷，其中“书信”部分没有收入丰子恺写给郑晓沧的书信。二〇一三年九月由北京的海豚出版社印行了三卷小开本《子恺书信》，其中的下卷收入了致郑晓沧的三封书信，写作时间依次分别为一九四七年三月六日、“文革中”某年的十一月四日和一九七二年七月二十八日。

郑晓沧比丰子恺年长六岁，原名郑宗海，浙江海宁人，是丰子恺在浙江第一师范学校读书时的同学，一九三八年前后曾任浙江大学教务长。有幸保存至今的这三封丰子恺写给郑晓沧的书信，已在网上见到其中两封的丰子恺手写真迹，书信末尾都只有写信的月和日，没有年份。被《子恺书信》编者推测为“写于

‘文革中’”即一九六六年至一九七六年这十年中的某年十一月四日的这封书信，一开始的书信正文便是：“刘公诚君虽系误传，可使弟提高警惕，保养身体，使过隙之白驹稍稍缓步。”对于七十五岁的丰子恺来说，把“刘公诚君”的“误传”抄示转告给老同学兼老朋友的郑晓沧，真还是一件大事。书信后面的书面表达略呈含蓄，转化成为口语以后便是：“刘君误传我自杀已经死了，这正可让我对我的生命提高警惕而产生敬畏，我还要多活几年呢。”

依照常理常情，如此重大的事，七十五岁“闲居无事”的丰子恺肯定还会向其他亲近的人叙说的。果然，在这小开本《子恺书信》上卷第二百一十七页找得丰子恺写给他的幼子丰新枚夫妇一封信，一开始就详尽隆重地说了“刘君误传”之大事，就在一九七二年十一月八日的信中，丰子恺写道：“郑晓沧来信，给一吟的，寥寥一行半，只问‘令尊安否’。我亲复了。他又来信说：有刘公纯者（马一浮先生的学生），在杭州盛传我已死了。造成这误会。这在我是替灾免晦的，已经假死过，不会真死了。”

以上是写给幼子丰新枚夫妇的。还在《子恺书信》下卷找得丰子恺一九七二年十二月十一日写给他的好朋友王星贤的书信中也谈及“刘君误传”之大事。这封书信是与王星贤“前日诗画酬酢”之后过了两天，兴致勃勃草就的，虽难免那个时代无法避免的可笑之心态，但写及自己的身体状况的字句时丰子恺却是一派自信，他说自己“虽年登七四，而茶甘饭软，酒美烟香，不知老之将至也（难怪刘公诚）”。这儿，《子恺书信》编者对“刘公诚”加了一个底注：“刘公诚，应作刘公纯。此处指刘在杭州误听丰子恺自杀之谣传。”

这封被编者臣测为于“文革中”的某年十一月四日丰子恺写给郑晓沧的书信，有了以上的丰子恺的几封书信中的相关自述，已可判定为写于一九七二年十一月四日。这封写给郑晓沧的书信中也还有诸如“弟近常食蜂乳”、“闲居无事”和读《白香词谱笺》等事项可作旁证，但不如“刘君误传”来得硬朗。

然而很遗憾，著名书画家马一浮的学生刘公纯在杭州“误听”或者由他出于好心又接着“盛传”丰子恺自杀这么大的事，又被丰子恺自己马上及时亲笔写了几封信，心情豁达地予以谅解，甚至往积极正面的“替灾免晦”层面上去化解，如此重要的丰子恺史实，已经出版的几部大部头的或小册子的《丰子恺年谱》类著述都没有载录！其实这真是丰子恺的生平大事呢，尤其在晚年，值得一补也。

马悦然赞赏的杨诗

长沙《芙蓉》季刊二〇〇五年第一期载有周嘉《另一种乡愁》，该文提及诺贝尔文学奖终身评委之一、瑞典学者马悦然与一个名不见经传的“四川诗人”的神交。周嘉说“生前毫无名气，死后更无声名”，一九五一年曾兼任四川省万县市文联主席、一九五五年曾任四川省文化局局长的杨吉甫，“其遗孀油印了五十本《杨吉甫诗选》，不料其五十分之一竟走进了马先生的视野”，即马悦然读到了《杨吉甫诗选》。怎样得读《杨吉甫诗选》，周文没有说。

曾任四川师范大学副校长的冉友侨“己巳岁仲夏”即一九八九年六月间有一首《缅怀杨吉甫先生并序》的“序”言及马悦然有缘一睹《杨吉甫诗选》的因由：“瑞典学者马悦然来蓉研讨蜀方言，从宋大鱼处读先生刻印诗稿，丞称其诚朴平易，可观民风，遂转荐于国外，美玉精金，厥光不泯。”所说“转荐于国外”，指杨吉甫的短诗译载于瑞典斯德哥尔摩*RADIX*杂志一九七九年第四期。据介绍，杨吉甫的诗除《往日》四首外，其他一百四十三首全部被马悦然翻译并推荐发表于*RADIX*。马悦然还将杨吉甫《石子》和《片片》两组小诗共五十五首译成英文，推荐给香港中文大学的《译丛》用“英汉对照”的方式予以重刊。不仅在海外国外译载杨吉甫的诗，马悦然还用中文写了《被遗忘了的中国现代诗人和新诗》，在上海二〇〇一年七月二十一日《文汇读书周报》上再向杨吉甫的祖国人民宣传。

油印本《杨吉甫诗选》产生了如此反响，却少有人去追究这本诗集的产生过程。其实也都有文献可查的。

何其芳一九七七年六月十八日上午在北京为油印本《杨吉甫诗选》写的《后记（一）》一开篇，就交代说“吉甫的亲属徐寿瑶、杨柳荫、杨临滨油印他的遗诗分送给亲友们作纪念，委托我编他的诗”，证实油印诗起初的编选由何其芳担任，何其芳青年时在老家四川万县就与杨吉甫是文朋诗友，再加上又是老乡。

读到中国友谊出版公司印行的钱世明著《困斋詹言》，其中《忆何其芳先生》和《再忆何其芳先生》记载了这本《杨吉甫诗选》编抄、备纸和刻印全部工程，特转述。

何其芳接受了老友杨吉甫遗属委托后，“不但为遗诗逐字作了校订，并做些修改，还冒着热天亲自拄杖到东单文具店买了一个素芯绿塑料皮本子，细致地把编好的《杨吉甫遗诗》清誊一遍”。在考虑油印的用纸、开本、版式上，何其芳参考了钱世明刚送来的夏承焘先生油印的《瞿髯词》和“几本德国诗人的集子”，版式定了下来。“刻蜡版”的任务，送《瞿髯词》来的钱世明主动承担了，底本便是何其芳“手订的杨吉甫诗稿本子”。然而很不幸，钱世明埋头刻印并将《杨吉甫诗选》装订成册送到何府时，何其芳已经去世了……估算一下，何其芳一九七七年七月二十四日去世，钱世明说自接受刻印任务也仅“隔一个多月”就将装订好的油印本《杨吉甫诗选》送往何府，动手刻印的时间该在一九七七年六月下旬，即何其芳写完《后记（一）》后的几天内。

我们当然崇敬为亡友抄录修改誊清并编印诗集的何其芳，但他参与弄出的这一本油印《杨吉甫诗选》并没有“研究新诗”尤其是“研究杨吉甫”的文献价值。一定要说有，也只能在“何其芳改订”这个层面上。真要把“杨吉甫的诗文”作为研究课题，还得去查阅并依据幸存下来的杨氏手稿和当年发表在万县《川东日报》等处的原刊文本。

黄裳致范用两信的写作年份

在黄裳《来燕榭书札》和《范用存牍》中，都收有黄裳某年的七月六日和某年的十一月二十九日写给范用的两封各有四百多字的书信，前一种书二〇〇四年一月由郑州的大象出版社印行，后一种书二〇二〇年九月由北京的生活·读书·新知三联书店印行，都是由资深在行长期弄写作也从事文学研究和编辑业务的专人操持搜集注释工作的。但是十六年前和十六年后所出两部严肃读物中，黄裳这两封书信的写作年份，都一直这么空缺着。其实，稍微动手根据各自书信正文中提供的相关史实述说线索查证一下，两封书信的写作年份就可以准确地考读出来。

先看某年的七月六日的那一封，其中明显的史实述说线索是黄裳在书信正文第三段中写的："今天遇到巴金，他的《随感录》也拟在写满三十篇后交港三联印行。”已自然呈现两条线索可供查证，后一条线索就是后半句话。

黄裳随手写的“他的《随感录》”，就是非常著名的巴金《随想录》。巴金对黄裳讲：他准备在其《随想录》“写满三十篇后，交港三联印行”，即交由生活·读书·新知三联书店香港分店公开出版。我们可以去查找一九七九年十二月在生活·读书·新知三联书店香港分店印行的巴金《随想录》第一集，在作者写于该年八月十一日的该书《后记》首段就说：“《随想录》第一集收‘随想’三十篇，作为一九七九年的一本集子。”不用再查找别的书证了，依此就可初步判定黄裳那封“七月六日”给范用的书信写于一九七九年。

有了这个初步判定，我们再查阅一九九四年二月由人民文学出版社印行的二十六卷本《巴金全集》最末一卷所全年收入的巴金一九七九年日记，在这一年的七月六日中，巴金当日载曰：“七点起。整天在家。上午续写《随想（十九）》，下午写完，校改。黄裳来坐了一会。晚上看电视《炮兵司令的儿子》。看斯大林女儿的信。十二点前睡。”

很明确地进一步证实，黄裳给范用的书信就是这一天返回家中后的下午或者晚间写的。之所以全文抄录巴金这一天的日记，是为了对黄裳书信中“遇到巴金”来一番俗趣探究。说某人“遇到”某人，是任凭无论什么人都知道该怎样准确地解释。但比巴金年幼十五岁的晚辈黄裳，在给比自己小四岁的同龄人范用写信时，他偏不如实地写“前往武康路一一三号拜访巴金，倾听巴金谈他的《随想录》的写作情况和即将结集出版情况”，偏偏要睁着双眼说瞎话地来一个“今天遇到巴金”的“平起平坐”的述说……

好在巴金的日记写到了这件事，否则黄裳的书信对巴金行踪的描述，会被人错误地解读为在路上、在街上或在什么场合偶然“遇到巴金”。

以上不是以狭窄心胸对黄裳书信有关“遇到巴金”的解读，黄裳在不少书信中这德行是一贯的。《来燕榭书札》一封标为“××年十一月二十九日”的仍写给范用的书信，《范用存牍》“H—L”卷第一〇九页也有这同一封书信，也是无年份。这封写于某年“十一月二十九日”的信中有一句“今天巴金也说起”，读者肯定会以为黄裳又“遇到巴金”了。

其实，在巴金一九八〇年十一月二十九日的日记中就同时记有：“上午黄裳来。”——明明白白是黄裳自己“登巴金家门去拜访巴金”或曰“上巴金的家去叨扰巴金”，但这位比巴金年少十五岁的黄裳仍是用与巴金“平起平坐”的口气来说话。

好在这两封书信写作的时间和所述巴金日记有相应的记载，让黄裳两封缺失写作年份的书信终于有了完整的写作时间。由于巴金日记的登录，使得黄裳的书信不仅有了完整的写作时间，也使得详尽的《巴金年谱长编》的相关条目的内容更为丰富。巴金的日记记得太简略，参照黄裳的书信，可以让巴金的生平事迹更饱满丰富。

二十世纪七八十年代去过黄裳住家和巴金住家的人都知道，巴金住在上海武康路一一三号、黄裳住在上海陕南新村，用黄裳一九八七年十一月十五日写给杨静如的信中所说的：“延庆路地段很好，出门一转弯就是襄阳公园，到我家很近，乘电车到巴金家也只有三站。”这一封黄裳写给杨静如的书信，就收在《来燕榭书札》第一〇八至一〇九页。熟悉了如此背景，凡是黄裳说到“巴金刚才对我讲”、“刚才遇见巴金”之类的话的那一天，就是黄裳“乘电车”坐了“三站路”刚从巴金家回来给朋友写信才会这么写的。目前，我还没有发现巴金到黄裳家中的记载。

谁删『又作要人状』？

图文杂志《寰球》一九四五年十月在上海创刊后，巴金不仅把自己刚写完的长篇小说《寒夜》头几章交付此刊连载在次年头三个月的四至六期上，还把朋友夏宗禹转来的尚莫宗木刻画稿也交付发表。但《寰球》是吴朗西支持由世界书局总经理李鸿球任发行人创办的，这个时段正是巴金用种种措施把吴朗西从文化生活出版社挤出到南京等地重操金融业谋生之际，从而导致《寰球》出到第六期就停办了。

应该是尚莫宗很久都没有收到发表自己木刻画稿作品的《寰球》样刊和稿费，就写信托夏宗禹催问。因为尚莫宗的画稿是夏宗禹交巴金转《寰球》杂志的，夏宗禹只好写信催问巴金。巴金回复夏宗禹的信件，就收在一九九四年二月人民文学出版社印行的二十六卷本《巴金全集》第二十四卷中，相关内容为：

“《寰球》稿费因该社无正式负责人，说要等朗西来接洽，朗西来沪数次，不便请他代为接洽，我的稿费也无下落。这笔账只好挂在朗西名下了。木刻发表剪样寄上，请查收。”

去查最初发表巴金此封书信的一九八六年九月人民日报出版社印行的“万叶散文丛刊”第三辑《霞》，又去查一九九九年七月华夏出版社印行的“夏宗禹书札”《随缘集》，所刊所收此信都是与上述抄录完全一致的句子。但细细阅读，总觉得巴金书信中的“朗西来沪数次，不便请他代为接洽”在语意逻辑上有问题，构不成一种前因后果的连接。按照常识：“来沪数次”，正好“请他代为接洽”。在写给朋友的私人书信中，晚年大力倡导“说真话”的巴金，四十岁刚出头的壮年时期会如此吞吞吐吐地说话？

很偶然地，在成都送仙桥旧书地摊上用五元买下了一本北京匡时二〇一三年秋季艺术品拍卖会印制的拍卖图录，名为《百年遗墨——二十世纪名家书法专场》，该图录图版第五百号是含有上录巴金书信的两通原件手迹的彩打缩印全文，终于见到了这封信真正的原貌。

被我疑为语意逻辑连接有问题的“朗西来沪数次，不便请他代为接洽”，手迹上是“朗西来沪数次，又作要人状，不便请他代为接洽”。《巴金全集》第二十四卷和排印本《随缘集——夏宗禹书札》，两本书都统一行动地删去了“又作要人状”和其后的逗号，甚至又统一行动地不仅没有注明是谁删的，连删节号即省略号也不加上，就这么无声无迹地把本来语意明确的句子弄成了不通的句子。

为什么要这么做，而且是不同的出版社相关编辑人员和不同年龄段的编者都如同执行号令必须这般地保持着“高度一致”？说来真是话长，但话长也得略略说它一下，至少得把这封巴金书信读个明白才好。

也真巧，见到北京姜德明前辈二〇一〇年七月在以“香港文汇出版社”名义印行的《与巴金闲谈》一书的第一百六十六页收有巴金一封短信手迹，最末一句就是谈上述删去“又作要人状”的：“致景凡信发表与否我无意见，能删去五个字最好。”景凡，是夏宗禹的字。

姜德明先生在前面的该信排印释文后还加了一个注：“我在编‘万叶散文丛刊’第三辑《霞》时（1986年9月人民日报出版社出版），拟发表1946年、1947年巴金写给夏景凡同志的两封信，征求巴老的意见，并建议删去涉及某人的五个字。”

好了，这一下此桩小小文案可以尘埃落定了。该不该删去这五个字是另一回事，至少我们弄明白了事情的来龙去脉。

夏衍的『勉强交卷』

中华书局二〇一六年一月出版了收录三百四十五封夏衍书信的一本书，副书名就叫“夏衍书信”，正书名是不知何意的“春秋逝去的贤者”。该书编者沈宁和沈旦华均是夏衍的子女，有其联名写作的“代序”《我们的爸爸夏衍》为证。作为一部书信集，从学者使用的角度要求，唯一希望得具备文献价值，即以严格书信手迹原貌整理。该书正文完全不附所收各信手迹，夏衍未写出年份的五十七封书信，编为“未署年”放在最后一辑。其实这一辑中不少书信，稍加探索，年份也弄得出来，如标为《332　致沈世鸣》的短信，全信抄录如下。

世鸣同志：

十分抱歉，拖欠了一个星期，年老笔钝，只能勉强交卷了，这是一份很不成熟的，只供参考的初稿，请你们删改，并请翰老、默涵同志定稿。匆匆，致敬礼！

夏衍　七月三日晚

这封书信的写作年份不弄清楚，其所写“勉强交卷”是指什么文章、夏衍这“年”有多“老”、为什么一定要只请“翰老”和“默涵同志”两人来“定稿”等问题，都得不出答案。仅仅查阅这同一本书，在第二百二十一页也有《232　致沈世鸣》一信，写于一九八八年十二月十九日，该信正文头一句就是“清样及来函均收到了，粗粗看了一遍，只是改了一处，即解放区、大后方两部分之外，加了‘孤岛文学’这几个字”，联系上录短信，两封书信写在同一年。熟悉那十多二十年全国出版社大体情况的人，都知道沈世鸣是重庆出版社的主要负责人，那年头非常活跃又掌握实权的一个出版家，夏衍谈及的“勉强交卷”的文章就是应沈世鸣之请为二十卷本《中国抗日战争时期大后方文学书系》所写长达七千字的《总序》。

有了夏衍“未署年”那封短信，我们得知夏衍这篇七千字《总序》“拖欠了一个星期”，本该一九八八年六月二十七日交稿，却迟至“七月三日晚”才“勉强交卷”。查证夏衍这篇七千字《总序》文末，写着：“一九八八年七月，时值盛暑。”如今可以在年谱类著述中准确地登录为：“一九八八年七月三日晚，写完为重庆出版社正在紧张编印的《中国抗日战争时期大后方文学书系》的七千字《总序》，并在寄稿前给沈世鸣写信，希望该《总序》请阳翰笙和林默涵‘定稿’。”

为什么夏衍在“未署年”短信一定要嘱沈世鸣在出版社相关人员“删改”的同时“并请翰老、默涵同志定稿”，查看一九八九年六月由重庆出版社印行的《中国抗日战争时期大后方文学书系》，方知阳翰笙与夏衍同时被邀约担任该书系的“总顾问”、阳翰笙排名第二、林默涵为该书系的唯一“总主编”。在七千字《总序》最末一段，夏衍写道：“在综观抗战时期大后方全局这一点上，翰笙同志要比我强得多了。只是全书付印在即，编委会的同志们要我写一篇总序，只能就管见所及，匆匆执笔以应命了。”

就在一九八八年十二月十九日写给沈世鸣的又一封信上，夏衍说：“预支稿酬的通知单已收到，是不是稿酬的标准太高了，今后千万不要再寄了。”该篇七千字的《总序》的“预支稿酬”究竟多少，夏衍的日记缺了这个时段的，无法确知。但稍晚于一九八八年十二月三十日写给李子云一封信中，夏衍谈到“四川那个出版社真是怪得出奇。我也在日前收到一笔版税或稿费，一封信也没有，规格也是很低的，但沈宁还是说‘比不理睬总算好了’。”这里可以由我来“解密”：“四川那个出版社”就是指我曾供职其间二十五六年的四川文艺出版社，所印夏衍的书要么是薄本子的《夏衍近作》、要么就是四卷本的《夏衍选集》。

返回这部《春秋逝去的贤者　夏衍书信》的本身

编辑情况，问题还多：如果以学者使用的文献要求，此书又有编者的文字处理，而且每封书信都没有附上手迹；如果以普及读物来要求，该注释和该考证的地方都没有做工作。编辑出版名作家的书信集，只能由行家来操作，不伦不类的东西看着就急人。

为冰心刻『是为贼』闲章

九册本《冰心全集》一九九四年十二月在海峡文艺出版社印行时，没有收入冰心一九八八年七月十九日写给魏帆即香香的信。直到二〇一二年五月仍由海峡文艺出版社印行的十卷本《冰心全集》书信那一册即第八册，才收入了这封信。在这封信中，冰心这样写道:“我们这里只有三十五度，我已经受不了了，更兼每天都有人来，远道来的，又辞不掉。就近托人刻了一枚闲章‘是为贼’，是自恨‘老而不死’的意思，要死也不容易!”当页底注对“就近托人刻了一枚闲章‘是为贼’”一句，来了一个注释，为“由冰心的老朋友胡絜青请王先生刻的”。

细细对读上引冰心书信片段和注释，总觉得不大对得上。如冰心说的是“就近托人刻”，注释却节外生枝地来了一句“冰心的老朋友胡絜青请王先生刻的”。查看早其一年半于二〇一〇年十月由人民文学出版社印行的《冰心书信全集》，所收此信此处一句的注释还要含糊一些，为“图章是由冰心的老朋友胡絜青请人刻的”，突出了“冰心的老朋友胡絜青”、淡化甚至是虚化了刻制闲章的“人”。

其实，冰心在《我向文学馆捐赠字画的经过》开头第一自然段和最末一自然段都专门谈过这一件刻闲章“是为贼”的事，该文初刊一九八六年十二月二十七日《人民日报·海外版》副刊，撮录相关句子供赏：“三十多年前，我曾请朋友王世襄为我刻两枚闲章……前些天他来看我，我说‘请你再替我刻一枚“是为贼”的闲章’，他微笑着不置可否，也不知他到底刻了没有？”《我向文学馆捐赠字画的经过》最后一段，与致魏帆的信大同小异，是这样的：“海外的朋友们看到这篇东西，不要以为我真的要‘走’了，要‘走’还真是不容易！就在交出字画的头一天，我照例去北京医院做一月一次的‘体检’，大夫和护士都笑着对我说‘心电图上显示出的你的心，和年轻人的一模一样！’因此我才敢请王世襄给我刻那枚‘是为贼’的图章！”

再回到刚说过的“是为贼”闲章的刻者。本来冰心本人在一年半前后两次清楚地用文字明确写了出来，就是请“朋友王世襄”动刀“再替我刻一枚‘是为贼’的闲章”，应该没有歧义了。不料，该封书信的注文又来搅浑水，先是隐去闲章刻者的真姓实名，弄出一个“请人刻的”；隔了一年半之后，也仅仅公布了闲章刻者的姓氏，再弄出一个“请王先生刻的”……好在冰心自己还是爽快，她两次都全盘公布“是为贼”是她自己请王世襄刻的，而且完整姓名前以“朋友”冠呼。

目前两处关于“是为贼”闲章的注文隆重推出的“冰心的老朋友胡絜青”，是老舍的夫人。这封书信注文产生的时段正是老舍和胡絜青的儿子舒乙主政收藏巴金书信手迹等大量作家文献的中国现代文学馆的时候，注文应该与舒乙有关。倘若胡絜青真为“是为贼”刻章帮过忙的话，也只能是她当面或打电话催过王世襄加快刻治的时速而已。但有了冰心的上录书信和文章中的自述，这种可能又变为虚幻。唯一的希望，是王世襄有专门的记载，比如他的日记和书信，还有他在回忆冰心的文章中提及此事原委。

王世襄并非等闲之辈，他应该是冰心在燕京大学的同学，如冰心上录两次说及的还是冰心的“朋友”，他的明清家具等收藏和广受欢迎的著述也是闻名于世的。

除了王世襄为冰心刻的这方“是为贼”闲章之外，冯骥才也真正托天津的顾志成为冰心刻过一方这章，我已经写过《冰心谈闲章的一封信》详细说过了，不再赘述。

冰心『说周作人事』

从事周作人和冰心研究的人，都知道冰心是周作人的得意弟子，因为后者上过前者在燕京大学开设的课，而且前者是后者毕业论文的指导老师。但是，再往具体的细节上去追问，就很难出现令人满意的答案了。二〇一九年十月由上海交通大学出版社印行的两百万字《冰心年谱长编》，在一九九一年九月五日项下过录的冰心日记有令人喜悦的信息，说这一天冰心写了三封信，其中一封明确标示写给“上海师大陈子善”，后面紧跟括注“说周作人事”。这该是多大的事啊！去查找二〇一二年五月仍由海峡文艺出版社印行的截至当时最齐全的十册本即“第3版”《冰心全集》第八册“书信”，结果大失所望：偏偏未编入这封“说周作人事”的信……

好在子善兄的著述和编选的书，他忘了送我的，我大多买了。随手找来他编选的《闲话周作人》，是一九九六年七月由浙江文艺出版社印行的，在这书的《编者前言》中，就完整抄录了冰心“说周作人事”的全信，照录。

子善先生：

您信早拜领，因忙未即复，为歉。

关于周作人先生，我实在没有什么话说。我在燕大末一年，1923年曾上过他的课。他很木讷，不像他的文章那么洒脱。上课时打开书包，也不看学生，小心地讲他的，不像别的老师，和学生至少对看一眼。我的毕业论文《论元代的戏曲》，是请他当导师的，我写完交给他看，他改也没改，就通过了。

匆匆祝好！

冰心　九、五，一九九一

陈子善在全文过录冰心该封书信的前后，介绍他为编此书在“约稿对象”名单内有三位“年迈体弱”者之一便是冰心，“幸好冰心先生有一信给我”，他认为冰心此信“就是一篇短小生动的回忆录”。

冰心还有一信也“说周作人事”，但查冰心日记，她那天没有写这个内容，该信是写给我的，奇迹般连实寄信封也一并完好保存了下来，正好用以过录。这封信的写作缘由，是因为我责编《周作人早年佚简笺注》，其中一信手迹有我认不出来的异体字，就写了几封信给我觉得能辨认出的前辈，冰心为其中一个，她老人家回信很短，也全文过录。

明德先生：

示悉。我只上了周作人一班的课，彼此并不熟悉。你信中问的那两个问题，我更不懂了，无以奉告，为歉。匆匆祝

好！

冰心　九、十五，一九九二

当时我供职于四川文艺出版社，组到周作人一九二五年至一九三六年写给民俗学家江绍原的一百一十封书信，又弄来江绍原的配套来往书信，合编为《周作人早年佚简笺注》一书，一九九二年九月正式出版。

上录两封冰心书信都没有收《冰心全集》“书信”册和《冰心书信全编》。冰心的书信未收集到的应该还有不少，这里又多了两封。

何满子一首七绝

内蒙古教育出版社二〇一八年八月印行了一本三人合集《三庐微书话》，第五十页有插图两幅，其中一幅是何满子手迹，他在自己著作的扉页空白处手录旧作七绝一首，被《三庐微书话》三个作者之一即淡庐释文为："文章何处见功夫，厚积恢升多有馀；苦叶繁荣归淡泊，腴中拙作更舒徐。"七绝全诗抄录后，是"旧作赐文友一绝请正"的说明。抄录时间为"〇七年七月"即二〇〇七年七月。何满子手迹中本来是没有标点符号的，竖写自右至左，一句一行。

然而，上录的何满子"一绝"淡庐的释文，读过几遍，总觉得好几处有不通之嫌。好在有清晰可辨的手迹作为插图，可以试着重新弄出准确的释文来。

七绝中首句"文章何处见功夫"，识字效果是通的，即讲得出意思来。第二句就有问题了，细辨手迹，原来是“厚积恢然刃有馀”，辨识错了两个字，导致全句表达不出本来的内容了。“厚积恢然”，是“厚积恢恢然”因七绝只许每一句七个字的限制而略掉一个“恢”而成的。“厚积恢恢然”，源自柳宗元《答韦中立论师道书》一文。

柳宗元《答韦中立论师道书》如同标题所示，就是一封书信。在答复来信时，柳宗元对来信者韦中立请求拜师的意愿予以果断拒绝，直截了当地表明不能给韦中立当老师。柳宗元在回信中这样写道：“吾子行厚而辞深，凡所作皆恢恢然有古人形貌，虽仆敢为师，亦何所增加也？”翻译成白话文，就是：“韦中立先生呀，您的品性纯厚，文辞素养也很深，您的所有文章都气魄宏大，有古人的风貌。即使我敢做您的老师，对您又有什么帮助呢？”

何满子“一绝”第二行“厚积恢然刃有馀”是他心目中“见功夫”的“文章”的起码条件，即“行厚而辞深”、“恢恢然有古人形貌”且游刃有馀。但是，何满子对于“见功夫”的“文章”还有更高的条件，即“弃繁荣归淡泊”，就是把“繁荣”全抛掉！“繁荣”，就是字句文辞繁花如锦，徒有浮泛的漂亮。第四句便是何满子心目中“见功夫”的“文章”之具体的样貌，即“腴中拙外更舒徐”。何满子讲的“舒徐”是一个高境界的行文要求：舒缓行文，游刃有馀地顺着思路徐徐推进，使得文章有看头。具体呈现的外观形式，就是“腴中拙外”：内容是饱满的、充实的，但所使用的语言却是朴拙如老百姓的日常说话。

把“恢然刃有馀”误释为“恢升多有馀”、把“若弃繁荣”误释为“苦叶繁荣”、把“腴中拙外”误释为“腴中拙作”有一个共同的祸害，就是“无解”：根本解释不通。把“腴中拙外”的“外”错误地辨认为“作”，对于一个书法家，尤其无法容忍，因为紧接着的下一行就有“旧作”的“作”，弄书法的人对于字的写法应该极其敏感；在何满子的手迹中，“作”和“外”的走笔，判然有别。

据何满子自撰《治学简述》，他“特别钟爱鲁迅著作”，而且在世时“每年通读《鲁迅全集》一遍”。如此这般的大读书家，怎么会连一首七绝的句子都写不通呢？或许何满子这幅七绝手迹确实难以辨认，但静心细辨被误释的第三句中的“弃”、第四句中的“外”，真该责备身为书法家的作者淡庐，即使不习书法，“弃”的正体“棄”与“叶”的正体即所谓的繁体也大有区别。更不用说，“腴中拙外”可以解读的搭配是不可以误为“腴中拙作”的，何满子自己肯定不会说他的“拙作”是“腴”即丰赡饱满的吧……

流沙河写《云淡天高》

流沙河二〇〇九年八月四日在成都大慈寺友人例行“周二茶聚”时，回答了茶友关于歌词《云淡天高》写作缘由的提问，流沙河的回答经该茶友根据记录整理成文后，挂在当时其于天涯社区开设的博客《茶馆问学记》中，大意为：该歌词是成都石润声找到我，说谷建芬委托我写一首诗再由她谱上曲，好像是她的学生给她贺寿的晚会上演唱，在中央电视台播出，最后一首唱的，她和她的学生毛阿敏、那英和孙楠等都唱得哭了起来。

这首题为《云淡天高》的歌词，包括副歌全文为：

风也过，雨也过，风风雨雨都留给历史的漩涡；
悲也过，喜也过，悲悲欢欢都沉入记忆的长河。

看窗前灿烂秋光，一片成熟的晴和。
好也过，歹也过，好好歹歹都属于他人的评说。
看天外缓缓飞翔，一群自由的仙鹤。
云淡天高，云淡天高，万山枫叶红似火。

流沙河记性好，他用四川话朗诵完了全首歌词后，还自我评说道:“我认为世间一切，转眼云烟，一切都成为历史、成为过去，什么都带不走。所有的人都是输家，只有时间是唯一的赢家，这确实让人很伤感。”

由《云淡天高》词作者本人来自述该歌词的创作由来，一般来讲当然应视作珍贵的“一手史料”，但倘若当事者本人也没弄清楚所述事情的原委，“自述”还得经过一番更为可靠的“田野调查”取得更为坚实的佐证且反复核实无误后，方可被认定为史实。

由流沙河作词、谷建芬谱曲的《云淡天高》，二〇〇一年九月七日在中央电视台新闻频道首次播放，的确是在谷建芬贺寿晚会即《绿叶对根的情谊——谷建芬作品音乐会》专场演唱会上的最后一曲歌曲演唱，由谷建芬率其弟子毛阿敏、那英和孙楠等共同演唱。因为词曲作者和演唱队伍均为“强强联手”，一经播出，顿时成为经典歌曲，二十多年来被反复播放或演唱。但是，歌词写作和配上乐谱乃至公之于世的真实动因，却并非如流沙河“自述”的那样简捷和顺利。

二十世纪八十年代前被借调到四川省戏剧家协会

工作的石润声，二〇〇〇年夏初受四川电视台“黄金十频道”的委托，准备创办《乐龄时空》节目，该节目需要聘请几位德高望重的文艺界前辈担任顾问并需要一支主题歌。石润声首先想到成熟的老诗人熟朋友流沙河，觉得只有他不仅可以担任该节目的顾问还可以创作该节目主题歌的歌词。这年五月二十一日的日记中，流沙河写道：“昨夜石润声来，嘱任他将主持的乐龄时空之顾问，兼写一歌词。允。”流沙河五月二十二日上午改定了题为《云淡天高》的歌词，还应石润声之请为该“拟议”中的节目题写了“乐龄时空”四个毛笔字片头。

石润声五月二十四日下午专门来余宅取走“刊头字与歌词《云淡天高》”，他读了歌词后，觉得可以为流沙河创作的这首《云淡天高》歌词谱曲的，也只有谷建芬。于是他就把流沙河的《云淡天高》寄给北京的中国音乐家协会转请谷建芬谱曲。但是，这档有流沙河应石润声盛邀参与的“拟议”创办的《乐龄时空》节目，在四川电视台“黄金十频道”却未获通过，这首在成都诞生歌词后来传遍圈中的好歌并没有在成都首次被演唱或播放。

还是谷建芬“识货”，在她的贺寿晚会即《绿叶对根的情谊——谷建芬作品音乐会》专题演唱音乐会上，以压轴之歌曲隆重首次推出了《云淡天高》，这已经是流沙河写作歌词《云淡天高》近一年半以后的事情了。

石润声，比流沙河小一岁，一九三二年出生，一九四八年随父母迁居成都，先后在华西协和中学、铭贤中学就读，一九五〇年参加中国人民解放军，进入总参第二通信兵学校和高级通信学院学习、工作。一九五八年转业后进入成都市话剧团从事话剧表演，并多次参与四川省或成都市广播电台广播剧、小说连播和诗歌朗诵会等文艺活动。一九七九年底借调到四川省戏剧家协会工作，一九八二年至二〇〇三年主要从事电视剧制作与国外电视剧译制配音等工作。

还有一个细节要订正，流沙河回答茶友提问时说谷建芬比他小一岁，也不准确。谷建芬一九三五年出生于日本大阪，比流沙河小四岁。

手抚残卷，俯仰自得

——《文事探旧》读后

予生也略晚，对龚君明德当年在出版界的一些轰动业绩只是隐隐约约有些耳闻，却未能及时加以凑近微观或追踪关注，加上性格喜静，不善交际，故直到去年秋天在杭州徐志摩纪念馆的一次小型研讨中才有缘结识。无论是会上发言还是会下闲谈，龚君都显得一派天真与率性，处处流露出一种与众不同的活力与魅力，因此也有了进一步的接触和交流。此后在该馆的活动中，也不时有龚君的消息，知道这位素有"文坛福尔摩斯"美名的学者仍然一如既往地关注着这家与蜀地相距甚远的民营纪念馆的学术活动，心里很是感念和钦佩这位相识不久的兄长辈学者的豪爽、热情与率真。

农历新年过后没几天，忽然收到龚君网上发来的新著书稿《文事探旧》，并命我写篇短文附骥其中。

我当即如实表达自己的惶恐与不安，但龚君马上加以鼓励与坚持，打开书稿一看，又被它琳琅满目的话题所吸引，就麻起胆子答应尝试写点读后感以应命。虽然长期借着中国现当代文学谋生，其实属于龚君常常批评的学院派读书人，若有隔靴搔痒或信口开河之处，还请龚君多多海涵。

在眼前这本新著里，龚君坚持着他数十年来一贯偏爱的学术关注和喜好：从书信、日记、版本校勘、私人闲章、旧时刊物及作家其他生平细节诸角度入手，切入中国现当代文学史话题。这让长期面对各式高头讲章的我辈大学校园栖身者顿感眼前一亮，精神为之一振。全书六十余文，从《为姐夫徐志摩办护照》始，至《流沙河写〈云淡天高〉》终，很快拜读一过。老实说，其中的绝大多数属于从本书中第一次得知，或者说，其中的绝大多数事件或细节，被我的日常阅读习惯所忽视或遮蔽。静心一想，不免悚然而惊。

此前为何会忽略这些细节呢？其实龚君在此书和另一些同类著作中都经常提到当今流行的职业化或功利化读书现象。“浅读”现象无处不在，各种冠冕堂皇的学术著作和出版物中，粗制滥造、似是而非现象也几乎是无处不在。读书人、教书人、舞文弄墨之辈何以变得如此心粗气浮呢？不由得联想到鲁迅早在二十世纪三十年代就在一篇题为《读书杂谈》的演讲中谈到过的这两类读书人之间的区别：

所谓职业的读书者，譬如学生因为升学，教员因为要讲功课，不翻翻书，就有些危险的就是……

现在再讲嗜好的读书罢。那是出于自愿，全不勉强，离开了利害关系的。——我想，嗜好的读书，该如爱打牌的一样，天天打，夜夜打，连续的去打，有时被公安局捉去了，放出来之后还是打。诸君要知道真打牌的人的目的并不在赢钱，而在有趣。牌有怎样的有趣呢，我是外行，不大明白。但听得爱赌的人说，它妙在一张一张的摸起来，永远变化无穷。我想，凡嗜好的读书，能够手不释卷的原因也就是这样。他在每一叶每一叶里，都得着深厚的趣味。自然，也可以扩大精神，增加智识的，但这些倒都不计及，一计及，便等于意在赢钱的博徒了，这在博徒之中，也算是下品。

毫无疑问，龚君就是这样一个嗜书如命的资深“博徒”，在此业中已沉溺数十年之久，并且乐而忘返，陶然忘忧。正因此，他才会在不经意间，于职业读书人的“无疑处起疑”，因为栖身大学校园及研究院的功利化读书人受着职业的种种规约，习惯性关注的往往是另一些所谓更“宏大”的问题。概言之，龚君在进入大学校园之前长期在出版界供职，养成了一副锐利的职业化眼光和属于自己的搜寻民国时代旧书刊的爱好，于是恰恰于功利化读书人的“选择性遗忘”中打开他的兴趣之门和关注之点，习惯于瞄准中国现当代作家作品及相关研究著作中的一系列“细枝末节”问题，撬开这个学科的一道道沉重阀门，给这个学科的深化、细化和拓展提供各种以小搏大、点中要穴的基石和材料。

此书延续着龚君一如既往的关注视角和切入点，譬如从徐志摩给小舅子的通信中考订诗人当年准备回国时委托办理护照的细节，订正已有传记中关于诗人护送前夫人张幼仪到德国留学的不实记载；辨析巴金《家》中“承重孙”中的“重”字究竟念何音，作家在初刊和初版本中的补充性交代，以及删除后在一般著述中造成的误读；从北京泰和嘉成拍卖公司的一份拍卖表格中，发现一九四七年五月十八日哪些在沪作家从“文协会所”领取了滋补品（“维他命丸”和“鱼肝油与豆粉”），或者签名、或者盖章、或者通过朋友签名代领；从一九五八年的常见报刊《光明日报》、《人民日报》、《文艺报》中，挖掘出那个特殊时期的一些著名作家，如何纷纷倡议“减低稿费报酬”，响应“大跃进”号召，表示“我们向工农学习要红旗，不要钞票”，建议报刊杂志把目前过高的稿费报酬减去一半，“到了条件成熟时，可以根本取消稿费制度”；北京海豚出版社印行的三卷小开本《子恺书信》下卷中，收入了丰子恺致老同学郑晓沧的三封书信，因原信只署月日，没有具体年份，故对其中一封只是模糊地臣测为写于“文革中”的，龚君则根据同一时期丰子恺致亲属致文友的相关书信，考证确认为写于“一九七二年”……如此等等，话题纷陈、琳琅满目，且读来趣味盎然，绝不像某些高头讲章那样枯燥乏味、难以卒读。

不打自招，我只能把自己归诸于鲁迅所说的那种“职业化的读书者”。日常阅读中，无暇深入到这些细节层面。而在当今大学体制下，忽略这些细节，似乎也无碍于讲台上的谋生。因为到目前为止，已出版了太多太多的“中国现代文学史”、“中国当代文学史”教科书，师生人手一册。一本教科书只需对那个时段的众多作家作品进行“排排坐，吃果果”，宛如给众多梁山伯好汉排座次，故绝大多数都只能停留在点点名、举其大要的层面，哪里顾得上探幽索微，深入这些作家作品的诸多细节问题呢？不管不顾这些细节，也完全“无碍于”教师的所谓教以及学生的所谓学。龚君在出版部门长期服务后也曾短暂落草高等院校，对此想必也已有所体察。

再从当今科研体制所培养和训练的治学习惯角度说，亦不鼓励盯住这类细节或史料问题大做文章。无论是本科、硕士还是博士学位论文，绝大多数也都是学生根据自己的阅读兴趣，对通行的文学文本及相关背景材料做出一点心以为然的解说和阐释，只要自圆其说、言之成理，对自己所依据的文学理论有所领会和交代，也都是可以“过关”的论文，写作者借此可以获得相应的各级文凭和学历，由此谋得相应的饭碗——至于龚君所特别关注的文本本身从初刊、到出版、到再版以及在各种版本中经历了怎样的修订修改还有其他诸多作家生平细节问题，这个专业的大多数求学者都是无所用心的，或者说对于已经公开发行的各式公开出版物都是“信心满满”、不加（或是很少）质疑的。到了稍高求学阶段，也会逐渐发现这方面的问题，提醒自己在阅读和研究中多加警惕，但直接将文学版本的考订、比对、校勘、汇校，将对中国现当代作家生平细节的挖掘、对中国现当代各式书刊杂志的出版、传播、沿革情形作为自己的专业或志业的，确实相对比较少，更何况数十年坚持不懈、“沉溺”其间、乐而忘忧且卓然有成？没有点鲁迅所说的上等“博徒”的精神，是难以进入此境的。

正因此，龚君的选择和坚守才显得特别可敬与可贵。他对中国现当代文学研究的独特切入视角和独特贡献，也已获得越来越多同行的公认。“中国现当代文学研究界的福尔摩斯”，这美誉可不是凭空得来的。

龚君在这本新著之前，已出版过《昨日书香——新文学考据与版本叙说》、《旧日文事》、《新文学旧事》、《旧时文事》及《新文学散札》等大作，可见其著述的勤勉、用心和专注。在拜读和浏览的过程中，也会感受到作者偶或流露的寂寞甚至难以抑制的某种不平。这既来自对中国现当代文学这一学科整体研究现状的不满，也来自于对这一行业中人的一些接触、交往与观察。他对当今诸多出版物、流行的著述风气及相应的课题申报制度等，都有不少率真的批评，所指斥和针砭的学风粗疏、史实谬误、放言空论、好大喜功、徒托虚名，等等，无一不环绕在我们身边，而且继续潜滋暗长，蓬蓬勃勃，简直看不到收敛和消停的迹象。只要高等院校和科研机构仍然高举着“科研量化考核”的大棒，只要相应的职称评审制度继续存在一天，龚君所不解、不满甚至不屑的功利化读书和著述方式，就将热热闹闹地延续着、生长着。事关噉饭之道，书生清议又能奈何？“著书皆为稻粱谋”，古已有之，于今为烈。对此，只能模仿龚君的口气，说一声“叹叹”。

古人论学问或文章之道，往往“义理、考据、辞章”并重，强调的是“义理为干，而后文有所附，考据有所归”。中国新文学领袖之一的胡适也特别重视考据，强调“有一分证据，说一分话”。本来，文学研究的天地足够宽广，对于中国现当代文学，可以从史学、史料角度切入，也可以从美学、心理学、思想史、伦理学甚至政治学、社会学等视角进行开掘和阐释，正可谓八仙过海各显其能。只是进入当代中国以后，基于某些特殊的舆论环境，“主题先行”和“以论代史”等现象，渐成一时风气。改革开放以来迎来新一轮思想解放热潮，旧的积弊受到不小冲击，而源自西方的各种新思想新理论新方法又以铺天盖地之势蜂拥而来，兼之国门封闭甚久，甫经打开，让久处一隅的国内读书人眼花缭乱、目不暇接，且不由自主地随风而动。二十世纪八十年代中期的某年，甚至一度被命名为“方法论年”。到了二十世纪九十年代，这一势头稍减，故有“思想淡出，学术凸显”之概括，但对于全球视野中各种新思想新理论的引进译介，其实也并没有消歇。具体到中国现当代文学研究领域，随着眼界和视野的不断拓展，附着在这一学科上的种种僵化教条也不断受到校正和扬弃，学人们自觉置身于数千年的中国文学史背景，以及更为广阔的世界文学史背景，对于仅有百来年发展历史的诸多中国现当代作家与作品及相关文学现象，在评价与论说的标准和视角上，也确实发生着或大或小的修正与变迁。说穿了，就是其中相当一部分作家作品，放在世界文学经典面前，其创造性、吸引力或魅力，都不免受到很大的冲击。

在此情形下，龚君数十年孜孜矻矻的钻研与笔耕就显得特别难能可贵，也难免偶然遭遇周围人的不解，或偶有知音难觅的寂寞之感。但正如龚君所言，“做自己能做的，喜欢做的事”，书在一本本地出版，读者相信也在一天天增多，岂不就是一种最好的选择？学术的道路千万条，自己乐于投身其中且最适合自己的只有一条。面对世间的种种喧嚣，在自己的“五场绝缘斋”里坐拥民国以来的各式书刊，不断发现各种自己感兴趣的话题，也不断在各式旧书市场中寻寻觅觅，不时获得突遇宝物般的喜悦，且源源不断地通过文字将这些探宝的“窃喜”表达出来，供远远近近的同好们分享叹赏，不亦快哉！

对于龚君的这本新著，“浅读”之下，遵命说点感想，挂一漏万或胡言乱语，都在所难免。龚君弃之，毫不可惜，赐附骥尾，幸如何之？

范家进

二〇二二年三月，于杭州

校看随记

文汇出版社推出的新编“聚学文丛”首辑，我有幸加入这一部拙著《文事探旧》，心情是愉悦的。在成都闷热的夏天，用一个白昼校看所收六十几文的校样，并重温了谢泳兄赐写的《序》和范家进兄赐写的《读后》，本来可以不再说什么了。但还是随手写几段心里话，以记感受。

自二〇二〇年八月文汇出版社印行我的《旧时文事》，到今年夏秋即将仍由文汇出版社印行的这部《文事探旧》，还有正在另两家出版社紧张操作的拙著《旧笺释读 现代文人书信考》和《文事叙旧》，身为“资深”考据做工者的我对中国现当代文学专业“系列奉献”已经堪称规模。或许会让最不屑于侧目关注的专业观察家，也只得暂时停下手头的壮伟事业，动手翻阅以“旧”字贯串的这几部拙著。

其实，更早些的《新文学散札》、《文事谈旧》、《昨日书香》，更有近几年的《旧日文事》和《新文学旧事》，以及《有些事，要弄清楚》和《书生清趣》的部分篇章，都是《旧时文事》、《旧笺释读 现代文人书信考》、《文事探旧》和《文事叙旧》四部拙著的强度热身，其求真务实的文脉完全是相通的。作为这些著述的写作者，我敢不谦逊地说：只要你是读书种子、是发自内心热爱文化的读者，你不可能认真看了我这些著述其中某一本书就不再寻找我的其他著述了。

也就是说，我很看得上我在文本和考据方面对学科的劳苦奉献。一位同行老朋友读完我的《旧日文事》，所写读后感受的大文也颇欣赏我在这个层面的自喜和得意。学科范围内我的著述的写作和出版，从始至今没有得到过专业学术方面研究或出版资金哪怕一分一厘的支持和帮助。我估计我是中国现当代文学这个专业研究队伍中唯一的三四十年全靠读者、靠市场“养活”的“学者”。至于工薪，那是我教书和从事编辑工作应该得到的报酬。讲出这个话，我是非常自豪的……

为什么《旧时文事》、《文事探旧》、《文事叙旧》和《旧笺释读 现代文人书信考》这四部近年已出或即出的拙著，会引起更广泛的关注？因为这些著述的内容更系统、表述更成熟地传达出了我对我奉献劳作的这个专业的专心致志。自然，这么几十年的文笔操练，我的行文技巧更加耐读耐品，也是重要原因。这儿必须透露一个背景，能让我源源不断推出如此规模性质的专业奉献，应该感谢一家市级日报的名牌副刊编辑彭博，我要隆重地介绍一下“彭博与我”。

彭博是南开大学文学院李新宇老师的研究生，是硕是博我没问过，一直就职于一家市级晚报的副刊编辑部。至少十年前，彭博突然来电话，说他们副刊约我写文章，现今我还记得他说他们副刊有陈子善、谢泳等人都写过文章，希望我也写点稿子。我一听陈子善和谢泳都为其供稿，当然就知道了这家报纸副刊的格调还不俗。但我的回答也有些突兀，我说：“无论多高的稿费，只写一两篇就算了。如果要写，就陆续写五年、写十年。”因为我已有经验教训，应命临时赶写约稿是很浪费精力和时间的，只有专业范围系列文章的不断写作和陆续刊登，才便于发挥一个成熟学者自身的潜能。之前，我为广州《南方都市报》的读书专刊开设专栏，写了几年就成功了一部《旧日笺民国文人书信考》，二〇一三年我六十岁那年在中华书局印行，算是自己送给自己的“六十贱寿自力庆生”的礼物。再回到彭博介绍，他听了我的回复，立即说：“我马上向领导汇报。”五分钟后，彭博又打来电话，我们在电话里商量定下了专栏的名字。

就在彭博参与主事的副刊，我的专业考据短章两周一文地十多年持续刊布（偶尔有过短期中断），全是中国现当代文学的话题。截至上周，已发表了一百七十多文。这就是《旧时文事》、《文事探旧》和《文事叙旧》等著述结集的稿源，真可谓源源不断。彭博手中，至少还有我的二三十篇待发文稿。我以为，李新宇老师带出的学生彭博看上了我的系列文稿，并持续十多年的刊登，是李老师职业生涯的闪光点之一。李新宇也在彭博参与主事的副刊写稿，也全是中国现当代文学方面的耐品话题。在李新宇和我、在彭博，聊聊中国现当代文学方面的话题，简直是一种享受。否则，我们持续不了这么长久。顺便介绍一下，这家市级日报发行二十八九个国家，影响不可忽视。

也希望我这类著述的读者，都能以享受的心情来闲看我这几部书。它们的确是严谨的研究成果，但又真是上好的文化消费产品，足以丰富和娱乐人生。把原本生动有趣的中国现当代文学史实弄成让读者一读就头疼的“专业”，这条在岗几乎所有业内人员都正走着的死路我是不去走的。

谨此为记。

时在二〇二二年六月二十三日深夜，龚明德于四川师范大学狮子山教工宿舍柳堤小区河边。